全面预算
绩效管理读本

QUANMIAN YUSUAN
JIXIAO GUANLI DUBEN

中 国 发 展 研 究 基 金 会

中国发展出版社
CHINA DEVELOPMENT PRESS

图书在版编目（CIP）数据

全面预算绩效管理读本 / 中国发展研究基金会编著 .—北京：中国发展出版社，2020.4（2021.5 重印）

ISBN 978-7-5177-1081-3

Ⅰ . ①全… Ⅱ . ①中… Ⅲ . ①财政预算—经济绩效—财政管理 Ⅳ . ① F810.3

中国版本图书馆 CIP 数据核字（2020）第 074579 号

书　　名：全面预算绩效管理读本
著作责任者：中国发展研究基金会
出 版 发 行：中国发展出版社
联 系 地 址：北京经济技术开发区荣华中路 22 号亦城财富中心 1 号楼 8 层（100176）
标 准 书 号：ISBN 978-7-5177-1081-3
经　销　者：各地新华书店
印　刷　者：北京市密东印刷有限公司
开　　本：787mm × 1092mm　1/16
印　　张：16.25
字　　数：265 千字
版　　次：2020 年 5 月第 1 版
印　　次：2021 年 5 月第 2 次印刷
定　　价：79.00 元

联 系 电 话：（010）68990630　68990692
购 书 热 线：（010）68990682　68990686
网 络 订 购：http://zgfzcbs. tmall. com
网 购 电 话：（010）88333349　68990639
本 社 网 址：http://www.develpress. com
电 子 邮 件：370118561@qq. com

序 言

财政预算，乃国之命脉，民生之本。党的十九大报告提出："建立全面规范透明、标准科学、约束有力的预算制度，全面实施绩效管理。"2018年9月，《中共中央 国务院关于全面实施预算绩效管理的意见》（中发〔2018〕34号），吹响了我国全面实施预算绩效管理的"号角"。我们进入了预算绩效管理的新时代。

全面实施预算绩效管理是党中央作出的重大决策部署。习近平总书记指出："检验我们一切工作的成效，最终都要看人民是否真正得到了实惠，人民生活是否真正得到了改善……"[①] 财政收入取之于民、用之于民，是贯彻"以人民为中心"发展思想、提高人民群众幸福感与获得感的重要抓手。近年来，在大口径公共支出规模占GDP比重达到1/3的情况下，政府的"钱袋子"越来越沉，人民对高质量公共服务的需求也越来越高，提高财政支出的绩效水平是关键而紧迫的。这不仅是现代财政观念的转变，还具有体制改革的意义。财政预算是政府活动的主要资金载体，预算绩效反映的是政府绩效，预算绩效管理也必将带来政府管理方式和公民参与方式的深刻转变，其影响是

① 习近平总书记在2013年12月26日纪念毛泽东同志诞辰120周年座谈会上的讲话。

深远的。

中国预算绩效管理经过多年的努力与近几年的强力推动，取得了积极的进展。一是在预算编制的时候全面设置绩效目标。自2016年以来，中央部门所有项目支出逐步实现绩效目标全覆盖，中央部门每年向财政部提交约2000个一级项目目标，由预算部门与绩效评价部门共同审查，明确预算资金预期实现的产出和效果。二是预算执行中要对绩效目标完成情况进行监控，对执行进度和绩效目标双监控，发现问题要及时纠偏。三是预算完成后要开展绩效自评。对照年初设定的目标进行反馈，对偏离目标的原因要进行分析并提出整改措施。同时，财政部和主管部门也在组织开展重点绩效评价，2016年以来，财政部开展了135个项目的重点绩效评价，涉及的资金超过1.6万亿元。四是评价结果已经用于预算调整和预算安排。2019年，财政部审核了100多个中央部门、2000多个中央重点项目绩效目标。总体上，预算绩效管理在我国已取得显著成效，实践经验不断丰富，评价范围日益扩大，但与“基本建成全方位、全过程、全覆盖的预算绩效管理体系”的总目标还有一段距离。

预算绩效管理是一项专门性、系统性工程，内容丰富庞杂，需要有专门的机构和人员付出一定的时间、精力去研究和探索。这强化了各级政府党政领导干部、行政事业单位领导、各级人大专业委员会委员和人大代表的责任，也对他们提出了更高的要求。与此同时，随着中国社会主义现代化进程加快，社会公众对财政支出的绩效越来越关注，并提出了更高的要求。财政是国家治理的基础，这个基础如何体现？就是要通过财政绩效去体现，财政的钱花得合理、有效益、有效果，老百姓满意，说明治理有效，反之则说明绩效比较差，治理低效。

有鉴于此，中国发展研究基金会设立了“公共预算改革项目”。中国发展研究基金会是国务院发展研究中心发起成立的非营利性法人组织，其宗旨是支持政策研究、促进科学决策、服务中国发展。“公共预算改革项目”通过研究、培训、国际交流等活动，开展了一批公共预算管理和公共政策评估研究课题，与地方政府合作推进了“参与式预算”“深化预算绩效管理改革”等改革试验。这个项目的一个重要内容，是要为各级领导干部以及人大代表编写通俗易懂的关于公共预算改革的参考书。2006 年和 2008 年中国发展研究基金会邀请专家编写的《公共预算手册》以及《公共预算读本》受到社会广泛好评。今年编写的《全面预算绩效管理读本》在前两本书的基础上，进一步通过图文并茂的写作方式，向读者介绍什么是预算绩效管理，并结合中央和地方的实际案例说明如何实现“全方位、全过程、全覆盖”的全面预算绩效管理。

本书的编写突出四大特色。一是前瞻性。本书内容来源于预算绩效管理改革实践而又高于实践，在分析和总结国内外预算绩效管理改革实践经验的基础上，归纳并总结对我国预算绩效管理改革的借鉴价值。二是科学性。在写作过程中，我们力争做到概念准确、论证充分、术语规范。三是通俗性。本书不仅适合财政专业人士阅读，而且适合非财政专业人士理解和掌握中国全面实施预算绩效管理改革的背景、历程与未来方向。四是可操作性。本书紧密联系当前预算绩效管理改革的前沿动态，注重相关预算绩效管理改革的实践操作性，以便于政策的落实、推广和应用。

我相信，本书有助于各级政府党政领导干部、行政事业单位领导、各级人大专业委员会委员和人大代表更好地履行职责，对于关心中国经济问题的广大读者也有参考价值。

是为序。

卢　迈

中国发展研究基金会副理事长

2020 年 3 月 18 日

前言

2018年9月，《中共中央 国务院关于全面实施预算绩效管理的意见》明确，全面实施预算绩效管理是推进国家治理体系和治理能力现代化的内在要求，是深化财税体制改革、建立现代财政制度的重要内容，是优化财政资源配置、提升公共服务质量的关键举措。《中共中央 国务院关于全面实施预算绩效管理的意见》印发，标志着全面实施预算绩效管理的顶层设计已经形成。

一、全面实施预算绩效管理是推动国家治理能力提升的深刻变革

国家治理体系和治理能力的现代化，就是使国家治理体系制度化、科学化、规范化、程序化，使国家治理跟上时代步伐，创新治理方式，回应国民的现实需求，实现最佳的治理效果，为国家事业发展、为人民幸福安康、为社会和谐稳定、为国家长治久安提供一整套更完备、更稳定、更实用的制度体系，把中国特色社会主义各方面的制度优势转化为治理国家的效能。

财政是国家治理的基础和重要支柱，而预算作为财政制度的核心内容，必然要在国家治理中发挥重要的作用。政府预算制度与国家治理之间存在着内在的互动关系。一方面，政府依据每年的财政预算来安排政府活动，财政预算对国家治理起到

一定的引导作用；另一方面，不同的国家治理结构和水平反过来对财政预算有着不同的影响和要求。越是预算制度完善的国家，其国家治理也就越高效、负责。

预算绩效管理突出责任和效率，关注产出和结果，是现代科学理论在政府管理上的具体运用。全面实施预算绩效管理，对绩效目标实现程度开展评价，推进绩效信息公开，有利于为政府履行职能提供坚实的物质基础和体制保障，督促各级政府部门认真履职尽责，提高行政效率，全面提升政府效能，增强政府公信力和执行力，加快实现国家治理体系和治理能力现代化。

二、全面实施预算绩效管理是推动行政体制改革的重要抓手

全面预算绩效管理，不仅是财政的，而且是行政的、法律的和治理的。它是改革开放40多年来行政改革再出发的标志，也是经济全球化条件下实现我国政府治理能力和治理体系现代化的标志。

预算绩效管理能够推动全面行政改革的原因，在于资金支出与行政过程的结合。由于财政对行政的资金资源约束力，资金支出与行政过程的结合使财政成为公共行政的中心环节，行政组织的格局和各个行政环节的相互关系也必须随之进行重新布局和再构造。财政对决策、执行和监督过程的参与，可以普遍地适用于大多数行政领域。这样一来，预算绩效管理培育和再造出经济效率型政府，成为一个国家参与全球经济竞争取得优势的一个重要制度领域。

三、全面实施预算绩效管理是推动国家经济高质量发展的重要工具

党的十八大以来，我国经济运行保持在合理区间，发展质量和效益不断提升，国家财政实力迈上新台阶。2019年，全国

一般公共预算支出已经接近24万亿元，加上政府性基金预算、国有资本经营预算，财政支出规模更加可观。提高预算绩效管理水平，管好用好财政资金，把钱用到“刀刃”上、花出效益来，这是各级财政部门和所有预算单位的基本职责所在。随着国家“钱袋子”越来越沉，财政部门的责任也越来越大。按照公共产品理论，政府及其财政活动，如同个人产品的购买和消费一样，必须确保和体现消费者个人效用最大化的根本要求，实现对政府提供公共产品成本的约束和管理，符合投入产出的绩效观。在政府预算管理中，也必须强调财政支出的有效性，在关注有多大“蛋糕”可分配、分配到什么项目的同时，要更加关注公共政策的成本和效果，不断提高现代财政治理水平，通过有效配置财政资源，推动经济实现高质量发展。

全面实施预算绩效管理，健全预算绩效管理体制机制，必须在全社会牢固树立一种绩效理念，培养一种绩效意识，转化为一种绩效行动，进而形成广泛的行动自觉。为普及预算绩效管理意识，助力中国全面实施预算绩效管理改革，中国发展研究基金会委托中央财经大学财政税务学院、绩效管理研究中心编写《全面预算绩效管理读本》。本书的定位是面向各级政府党政领导、行政事业单位领导、各级人大专业委员会、人大代表的预算绩效管理的普及读物。本书通过图文并茂的写作方式，向读者介绍：什么是预算绩效管理、中国为什么要全面实施预算绩效管理、如何做到预算绩效管理的“全方位、全过程、全覆盖”，并结合具体案例说明全流程绩效管理机制是如何引入和构建的。最终实现在纳税人公共资金的分配和使用过程中，逐步引入“花钱必问效、无效必问责”的绩效理念。

财政部预算司、审计署财政审计司、河北省财政厅、北京市东城区财政局等单位对读本编撰与修改给予了大力支持，财政部预算评审中心为读本提供了案例素材支持，国务院发展研究中心、中国财政科学研究院、中国社会科学院的多位专家对读本内容提出了修改意见，中国发展研究基金会研究三部主任都静、项目主任朱美丽很好地承担了项目官员的工作。在此，对参与课题研究、读本写作、审核、出版等环节及提供帮助的单位和各位专家表示衷心感谢。

目前，全面预算绩效管理改革正处于攻坚克难的关键时期，现代财政制度的构建也在不断实践和推进之中，加之我们的理解和研究水平所限，书中难免有疏漏和不足之处，欢迎读者予以批评指正，以便再版时修正。

方　晋

中国发展研究基金会秘书长

2020 年 3 月 18 日

第一章 预算绩效管理概论

第二章 中国预算绩效管理的引进与发展

第三章
全面实施预算绩效管理

第四章 预算绩效一体化闭环管理

第六章 人大预决算绩效审查监督管理

结束语 中国全面实施预算绩效管理展望

第一章

预算绩效管理概论

财政，乃国之命脉，民生之本。预算是财政活动的集中反映，通过预算“国家账本”，可以洞察国家年度施政重点，把握政府宏观调控走向。预算能力是国家治理能力的基础，政府预算是立法机构监督行政机构的重要载体。党的十九大报告提出，建立全面规范透明、标准科学、约束有力的预算制度，全面实施绩效管理。2018 年 9 月 1 日，《中共中央 国务院关于全面实施预算绩效管理的意见》（中发〔2018〕34 号）吹响了我国全面实施预算绩效管理的“号角”。

人民日报
RENMIN RIBAO
人民网网址：http://www.people.com.cn
2018年9月
26
星期三
戊戌年八月十七
人民日报社出版
国内统一连续出版物号
CN 11-0065
代号1-1
第25645期
今日24版

中共中央国务院关于全面实施预算绩效管理的意见
（2018年9月1日）

一、全面实施预算绩效管理的必要性

二、总体要求

第一节
政府预算

一、政府预算内涵

政府预算是经法定程序审批的具有法律效力的政府财政收支计划，是政府筹集、分配和管理财政资金及宏观调控的重要工具。政府预算是任何国家政府施政和进行财政管理所必需的。政府预算一般都要包括以下三个方面的内容：第一，收入和支出的种类与数量，以及这些种类与数量所表现出来的收支的性质和作用；第二，各级政府及各部门在处理收支问题上的关系及其所处的地位和所承担的责任；第三，在收入和支出的实现上所必须经过的编制、批准、执行、决算、管理和监督等预算过程。

预算从经济和技术层面上看是政府收支对比的计划表，是现代经济社会配置公共资源的机制，即通过政治程序确定的政府预算，决定着财政配置资源的规模和方向，进而决定着整个社会资源在各部门之间配置的比例和结构。而就现代预算制度而言，更加注重的是预算过程的法定性及预算文件的法律效力。预算是纳税人及其代议机构控制政府财政活动的载体，是配置资源的公共权力在不同主体之间的分配，是一个社会公共资源再分配的政治过程。

专栏 1-1 现代预算制度的产生

政府预算是财政体系的重要组成部分，但它并不是伴随着财政的产生而同时出现的。随着商品经济的发展和政治民主化的推进，符合法治性、约束性、公共性、综合性等特征的现代预算制度于19世纪初产生于英国。从世界范围看，现代政府预算制度产生于商品经济发展和资本主义生产方式出现时期，是新兴资产阶级与封建专制统治阶级展开斗争的过程中，作为一种斗争手段和斗争方式产生的。

中国是一个具有悠久历史的国家。中国的预算制度产生于何时，历史学界和经济学界的看法并不一致，有炎黄时期论、夏代论、周代论、战国论等，但主流观点较为认同中国现代预算思想和预算制度是伴随着近代西方思想潮流的涌入而进入的，是从西方舶来的。立足于中国古代农耕文明与封建专制制度的中国古代预算制度和预算思想，都只能算是预算的萌芽。中国现代预算制度萌芽于清朝末年。

二、政府预算特征

政府预算作为一个独立的财政范畴，是财政发展到一定历史阶段的产物，从预算的产生到发展为现代预算制度，其内涵不断得到完善和充实，并形成了其区别于其他经济范畴和财政范畴的特征。政府预算的基本特征如下。

（一）法治性

法治性是指政府预算的形成和执行以及结果等全过程，都要在相关预算法律法规及制度的框架范围内进行，即法治性不仅限于预算文件的法律效力，而且预算全过程都要在法制环境中运行。政府预算的法治性体现在：第一，预算的编制、执行、调整和决算的程序是在法律规范下进行的；第二，有关预算级次划分、收支内容、管理职权划分等，都受《中华人民共和国预算法》（以下简称“《预算法》”）的约束。这样就使政府的财政行为通过预算的法制化管理，被置于社会公众的监督之下。

（二）约束性

约束性是指预算作为一个通过立法程序确定的对公共资源分配具有法律效力的文本，对在预算过程中的各利益主体都具有约束作用。预算约束强调预算的编制、审批、执行与决算过程都按规定的程序运行，使资源配置在每一环节都顺畅运行，规避政府公共资源与市场资源的错配。

（三）公共性

公共性是指通过预算分配的内容要满足社会公共需要，预算的运行方式要公开、透明、规范，预算运行的过程要接受立法及公众的监督，预算运行的结果要对公众负责。因此，相对于其他预算主体和传统的国家预算来说，政府预算具有很鲜明的公共性。

（四）综合性

综合性是指政府预算是各项财政收支的汇集点和枢纽，综合反映了国家财政收支活动的全貌，即预算内容应包含政府的一切事务所形成的收支，全面体现政府年度整体工作安排。

专栏 1-2 中共十八届三中全会关于现代预算制度的表述

财政是国家治理的基础和重要支柱，科学的财税体制是优化资源配置、维护市场统一、促进社会公平、实现国家长治久安的制度保障。必须完善立法、明确事权、改革税制、稳定税负、透明预算、提高效率，建立现代财政制度，发挥中央和地方两个积极性。

（17）改进预算管理制度。实施全面规范、公开透明的预算制度。审核预算的重点由平衡状态、赤字规模向支出预算和政策拓展。清理规范重点支出同财政收支增幅或生产总值挂钩事项，一般不采取挂钩方式。建立跨年度预算平衡机制，建立权责发生制的政府综合财务报告制度，建立规范合理的中央和地方政府债务管理及风险预警机制。

完善一般性转移支付增长机制，重点增加对革命老区、民族地区、边疆地区、贫困地区的转移支付。中央出台增支政策形成的地方财力缺口，原则上通过一般性转移支付调节。清理、整合、规范专项转移支付项目，逐步取消竞争性领域专项和地方资金配套，严格控制引导类、救济类、应急类专项，对保留专项进行甄别，属地方事务的划入一般性转移支付。

三、政府预算组织体系

政府预算的组织体系是指为政府预算服务的各种组织、机构、程序、活动等构成要素的总称。它们共同构成一个完整的体系，以保证政府预算的实现。政府预算的管理要按照一定的组织层次和职责分工来进行。如果政府预算管理没有一套完整的组织系统，或各管理机构没有明确的职责分工，就会造成预算管理的困难。我国政府预算管理按照国家政权级次、行政区划和行政管理体制，实行“统一领导，分级管理，分工负责”，因而政府预算的管理涉及中央和地方、各地区、各部门、各单位。其组织系统的构成：纵向来看，由中央和地方各级政府预算组成；横向来看，在各级政府预算中由国家政权机关、行政领导机关、财政职能部门及各类专门机构组成。

（一）政府预算的纵向组织体系

由于政府预算是政府的基本收支计划，为政府履行职责、提供公共产品与服务提供财力保障，因而预算管理体系必然与行政管理体制相一致，即一级政府、一级财政、一级预算。根据《中华人民共和国宪法》(以下简称“宪法”)的规定，我国目前从中央到地方共有五级政府，即中央，省、自治区、直辖市，设区的市、自治州，县、自治县、旗、不设区的市、市辖区，乡、民族乡和镇。与之相适应,《预算法》第三条第一款规定:“国家实行一级政府一级预算，设立中央，省、自治区、直辖市，设区的市、自治州，县、自治县、不设区的市、市辖区，乡、民族乡、镇五级预算。”省、自治区和直辖市预算以下为地方预算。其基本关系如图 1-1 所示。

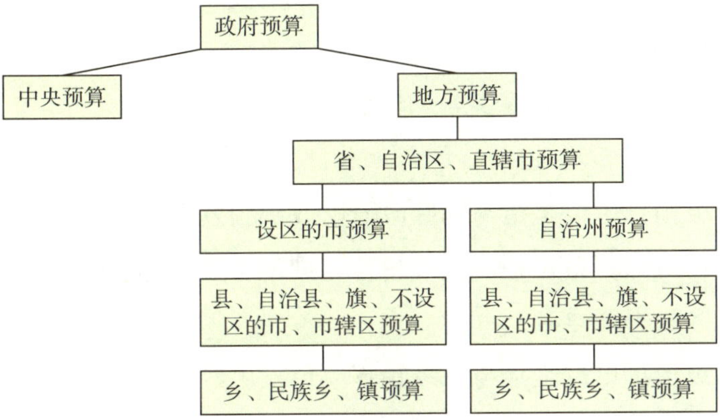

图 1-1　预算管理级次图

(二)政府预算的横向组织体系

1. 总预算

总预算是各级政府的基本财政计划，由各级财政部门编制。我国《预算法》第三条第二、第三款规定:“全国预算由中央预算和地方预算组成。地方预算由各省、自治区、直辖市总预算组成。地方各级总预算由本级预算和汇总的下一级总预算组成；下一级只有本级预算的，下一级总预算即指下一级的本级预算。没有下一级预算的，总预算即指本级预算。”

2. 本级预算

本级预算是指经法定程序审核批准的本级政府的财政收支计划，它由本级各部门(含直属单位)的预算组成，同时包括下级政府向上级政府上解的收入和上级政府对下级政府的返还或补助。

3. 部门预算

部门预算反映本级各部门（含直属单位）所属所有单位全部收支的预算，由部门机关及所属各单位预算组成。本级各部门是指与本级政府财政部门直接发生预算缴款、拨款关系的国家机关、政党组织和社会团体（中央部门含军队），直属单位是指与本级政府财政部门直接发生缴款、拨款关系的企业和事业单位。

4. 单位预算

单位预算是指列入部门预算的国家机关、社会团体和其他单位的收支计划。

（三）按照行政隶属关系和经费领拨关系划分

1. 一级预算单位

一级预算单位是指与同级政府财政部门发生预算领拨关系的单位，如一级预算单位还有下级单位，则该单位又称主管预算单位。

2. 二级预算单位

二级预算单位是指与一级预算单位发生经费领拨关系，下面还有所属预算单位的单位。

3. 基层预算单位

基层预算单位是与二级或一级预算单位发生经费领拨关系，下面没有所属预算单位的单位。

上述根据国家政权结构、行政区域划分和财政管理体制等所确定的预算级次与预算部门及单位，按照一定的方式进行组合就形成了政府预算的组织体系，如图 1-2 所示。

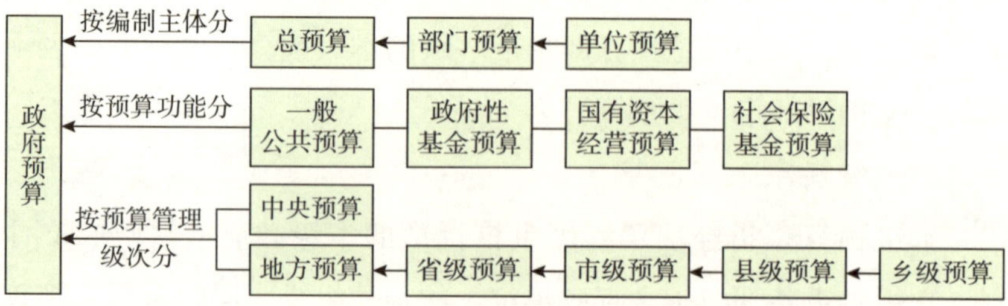

图 1-2 政府预算体系构成图

四、全口径预算管理

2014 年《预算法》第五条第一款规定：“政府预算包括一般公共预算、政府性基金预算、国有资本经营预算、社会保险基金预算。”即俗称的“四本预算”，以全面完整地反映我国政府预算的全貌（见图 1-3）。《预算法》规定，要将所有预算收入和支出按照不同性质分门别类地纳入不同的预算之中，各个预算自身应当按照有关法律法规对预算内容的要求保持完整、独立，同时也要保持与一般公共预算的衔接，即在这一预算报告体系内的各项预算之间，应建立起规范、明确、透明的资金界限及往来渠道。

图 1-3　“国家账本”的“四本预算”

2018 年，我国“四本预算”总体规模占当年 GDP 的比例已经超过 1/3（见表 1-1），意味着 GDP 超过 1/3 的规模是经由政府之手来进行再分配，政府的“钱袋子”越来越沉，财政干部肩上的责任也就越来越重。因此，提高政府配置公共资源的效率，花好纳税人的公共资金，也就极为迫切。

表 1-1　　我国“四本预算”总体规模概况　　单位：万元

	2018 年决算	2019 年预算
一般公共预算	221925	235244
政府性基金预算	80562	99802
国有资本经营预算	2159	2400
社会保险基金预算	64586	74252
合计	369232	411698
“四本预算”规模占当年 GDP 比例	>1/3	>1/3

数据来源：财政部中央预决算公开平台。

专栏 1-3　全口径预算管理

我国对完整的预算报告体系的提出最早可追溯到2003年中共十六届三中全会所作的《关于完善社会主义市场经济体制若干问题的决定》，提出：“实行全口径预算管理和对或有负债的有效监控。加强各级人民代表大会对本级政府预算的审查和监督”；《关于2005年深化经济体制改革的意见》中进一步指出：“改革和完善非税收入收缴管理制度，逐步实行全口径预算管理”；党的十八大报告更进一步提出了：“加强对政府全口径预算决算的审查和监督。”

（一）一般公共预算

一般公共预算是对以税收为主体的财政收入，收入来源主要是国家以社会管理者的身份取得的税收收入，主要安排用于保障和改善民生、推动经济社会发展、维护国家安全、维持国家机构正常运转等领域。具体来说：一是保证科学、文化、教育、卫生、社保等民生事业发展中必须由财政提供资金的部分需要；二是满足大型公共工程设施、公益性基础设施等非营利性工程项目的支出，如邮政、能源、交通、水利、气象、环保等方面；三是保证国防以及公检法等维护国家公共安全的支出需要；四是保证国家机构，如立法、行政、外交等执行社会管理职能的政府部门的资金需要。

（二）政府性基金预算

政府性基金预算是对依照法律、行政法规的规定在一定期限内向特定对象征收、收取或者以其他方式筹集的资金，专项用于特定公共事业发展的收支预算。政府性基金预算应当根据基金项目收入情况和实际支出需要，按基金项目编制，做到以收定支。

在政府所提供的公共服务中，一部分属于满足大众需求的普遍性公共服务，普遍性公共服务通过征税方式弥补其供给成本；另一部分属于满足部分群体受益的特定公共服务，特定公共服务按照“谁受益、谁付费”原则，通过收费方式分摊公共服务成本，而不宜通过税收将成本转嫁给全体纳税人负担。政府性基金属于非税收入，与税收有着明显的区别。政府性基金一般具有设定程序规范、来源特定、专款专用等特点。征收政府性基金，一方面，可以避免低效或无效占用公共资源，通过收费建立成本约束机制，使人们根据自己的需求和意愿采取付费方式选择公共物品，避免产生过度需求和消费，提高公共物品的供给效率；另一方面，可以为特定公共基础设施建设和公共事业发展提供稳定的资金来源。

（三）国有资本经营预算

国有资本经营预算是对国有资本收益作出支出安排的收支预算。国有资本经营预算应当按照收支平衡的原则编制，不列赤字，并安排资金调入一般公共预算。

国有资本经营预算的分配主体是作为生产资料所有者代表的政府；它以国有资产的宏观经营并取得宏观经济效益为分配目的，以资产所有权为分配依据；其收支内容基本上是围绕着对经营性国有资产进行价值管理和分配形成的，因而国有资本预算属于经营型预算。国有资本经营预算在编制上，相对独立于一般公共预算，即国有资本经营预算按照收支平衡的原则编制，以收定支，不列赤字。建立国有资本经营预算制度后，国家用于国有企业的改革支出将逐步从政府一般公共预算中退出。

（四）社会保险基金预算

社会保险基金预算是对社会保险缴款、一般公共预算安排和其他方式筹集的资金，专项用于社会保险的收支预算。社会保险基金预算应当按照统筹层次和社会保险项目分别编制，做到收支平衡。

为加强社会保险基金管理，规范社会保险基金收支行为，明确政府责任，促进经济社会协调发展，国务院决定自2010年起试行社会保险基金预算，并规定了依法建立、规范统一的原则要求，即依据国家法律法规建立，严格执行国家社会保险政策，按照规定范围、程序、方法和内容编制。社会保险基金预算通过对社会保险基金筹集和使用实行预算管理，增强政府宏观调控能力，强化社会保险基金的管理和监督，保证社会保险基金安全完整，提高社会保险基金运行效益，促进社会保险制度可持续发展。我国目前编制的社会保险基金预算属于一种窄口径的社会保障预算，待条件成熟后再向社会保障预算过渡。

五、政府预算收支分类

政府预算收支分类，是指在政府预算管理中，按照一定的标准，将庞杂的预算收支项目进行划分和归类，以准确体现各类收支的性质、运行规律，反映国家一定时期内的公共政策取向，为政府预算的编制、执行和决算服务。如何对政府预算收支进行科学分类，涉及政府预算管理的各个环节、层次，关系到预算管理的水平与质量。我国现行政府预算收支科目的主要内容如下。

（一）收入分类

对收入进行统一分类，完整反映政府收入的来源和性质，全面、规范、细致地反映政府各项收入，说明政府的钱都是从哪里来的。按大类将政府收入划分为税收收入、非税收入、债务收入以及转移性收入等。

（二）支出分类

现行支出分类体系将政府支出按职能和经济性质分设了两层既相互独立又紧密联系的支出分类体系。这种设置的理论依据与财政资金使用去向细化透明的要求有关，现实依据则是财政资金的分配和使用分为两个阶段：第一阶段，财政部门将资金分配到部门和单位；第二阶段，部门和单位使用财政资金购买相应的商品和服务。

1. 支出功能分类

支出功能分类属财政资金分配的第一阶段，是要完整地反映政府各项职能活动，说明政府做了什么。财政支出按支出功能分类一般可分为四个部分：①一般政府服务。支出一般没有具体的受益人，主要包括一般公共管理、国防、公共秩序与安全等。②社会服务。支出具有明确的受益人，主要包括教育、卫生、社会保障等。③经济服务。支出着重于提高经济运行效率，包括交通、电力、工业、农业等。④其他支出。如利息、转移支付等。

2. 支出经济分类

支出经济分类属于财政资金分配的第二阶段，反映政府支出的经济性质和具体用途，即反映政府的钱是怎么花出去的，多少支付了人员工资，多少用于公用开支，多少用于购买办公设备和进行基本建设等。因此，支出经济分类是对政府支出活动更为明细的反映，也是进行政府预算管理、部门财务管理以及政府统计分析的重要手段。

支出功能分类与支出经济分类相配合，能够对每一项支出进行“多维定位”，可以形成一个相对稳定的、既反映政府职能活动又反映支出性质、既有总括反映又有明细反映的支出分类框架（见图1–4），从而为全方位的政府支出分析、提升政府预算透明度创造了有利条件。政府支出功能分类与经济分类的多维定位，如表1–2所示。

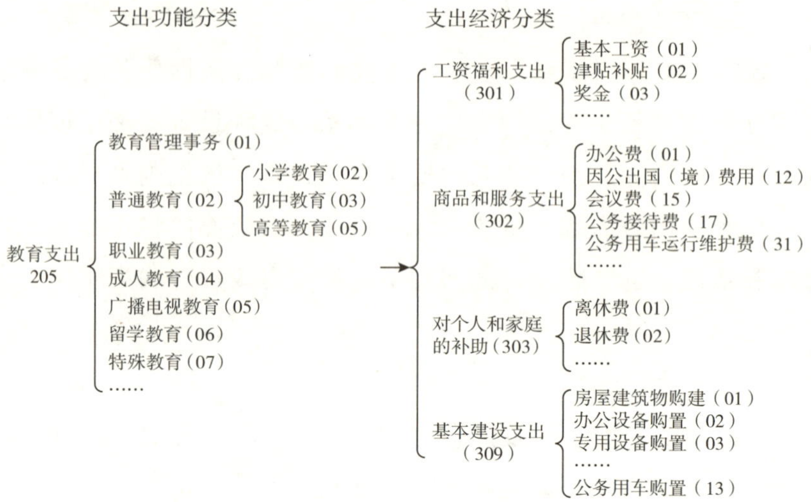

图 1-4　支出分类细化示意图

表 1-2　　支出功能、支出经济分类交叉表　　单位：万元

支出经济 支出功能	工资福利	商品和服务支出	对个人和家庭的补助	对企业的补贴	基本建设支出	……	合计
一般公共服务	50	100	150	200	150	100	750
外交	50	100	150	200	150	100	750
国防	50	100	150	200	150	100	750
公共安全	50	100	150	200	150	100	750
教育	50	100	150	200	150	100	750
科学技术	50	100	150	200	150	100	750
医疗卫生	50	100	150	200	150	100	750
……	50	100	150	200	150	100	750
合计	400	800	1200	1600	1200	800	6000

资料来源：财政部国库司编:《政府收支分类改革预算执行培训讲解》，中国财政经济出版社 2006 年版，第 46 页。

专栏 1-4　国际货币基金组织政府收支分类方法

一、收入分类

国际货币基金组织在《2001年政府财政统计手册》中，将政府收入划分为税收、社会缴款、赠与、其他收入四类。

（1）税收收入。包括：对所得、利润和资本收益征收的税收，对工资和劳动力征收的税收，对财产征收的税收，对商品和服务征收的税收，对国际贸易和交易征收的税收，其他税收等。

（2）社会缴款。包括：社会保障缴款和其他社会缴款。其中，社会保障缴款又按缴款人细分为雇员缴款、雇主缴款、自营职业者或无业人员缴款、不可分配的缴款。

（3）赠与。包括：来自外国政府的赠与、来自国际组织的赠与和来自其他广义政府单位的赠与。

（4）其他收入。包括：财产收入，出售商品和服务，罚金、罚款和罚没收入，除赠与外的其他自愿转移、杂项和未列明的收入等。

二、支出分类

国际货币基金组织的支出分类方法分为功能分类和经济分类两套既相互独立又相互联系的分类体系。

1.支出的功能分类

（1）一般公共服务。包括：行政和立法机关、金融和财政事务、对外事务，对外经济援助，一般服务，基础研究，一般公共服务“研究和发展”，未另分类的一般公共服务，公共债务操作，各级政府间的一般公共服务等。

（2）国防。包括：军事防御、民防、对外军事援助、国防“研究和发展”、未另分类的国防等。

（3）公共秩序和安全。包括：警察服务、消防服务、法庭、监狱、公共秩序和安全“研究和发展”、未另分类的公共秩序和安全等。

（4）经济事务。包括：一般经济、商业和劳工事务，农业、林业、渔业和狩猎业，燃料和能源，采矿业、制造业和建筑业，运输，通信，其他行业，经济事务“研究和发展”，未另分类的经济事务等。

（5）环境保护。包括：废物管理、废水管理、减轻污染、保护生物多样性和自然景观、环境保护“研究和发展”、未另分类的环境保护等。

（6）住房和社会福利设施。包括：住房开发、社区发展、供水、街道照明、住房和社会福利设施“研究和发展”、未另分类的住房和社会福利设施等。

（7）医疗保障。包括：医疗产品、器械和设备，门诊服务，医院服务，公共医疗保障服务，医疗保障“研究和发展”，未另分类的医疗保障等。

（8）娱乐、文化和宗教。包括：娱乐和体育服务，文化服务，广播和出版服务，宗教和其他社区服务，娱乐、文化和宗教“研究和发展”，未另分类的娱乐、文化和宗教等。

（9）教育。包括：学前和初等教育、中等教育、中等教育后的非高等教育、高等教育、无法定级的教育、教育的辅助服务、教育“研究和发展”、未另分类的教育等。

（10）社会保护。包括：伤病和残疾、老龄、遗属、家庭和儿童、失业、住房、未另分类的社会排斥、社会保护“研究和发展”、未另分类的社会保护等。

2.支出的经济分类

（1）雇员补偿。包括：工资和薪金（分为现金形式的工资和薪金、实物形式的工资和薪金）以及社会缴款（分为实际的社会缴款和估算的社会缴款）。

（2）商品和服务的使用。

（3）固定资产的消耗。

（4）利息。包括：向非居民支付的、向除广义政府外的居民支付的和向其他广义政府单位支付的。

（5）补贴。包括：向公共公司提供的（分为向金融公共公司提供的和向非金融公共公司提供的）和向私人企业提供的（分为向金融私人企业提供的和向非金融私人企业提供的）。

（6）赠与。包括：向外国政府提供的（分为经常性和资本性两种）、向国际组织提供的（分为经常性和资本性两种）和向其他广义政府单位提供的（分为经常性和资本性两种）。

（7）社会福利。包括：社会保障福利（分为现金形式的社会保障福利和实物形式的社会保障福利）、社会救济福利（分为现金形式的社会救济福利和实物形式的社会救济福利）、雇主社会福利（分为现金形式的雇主社会福利和实物形式的雇主社会福利）。

（8）其他开支。包括：除利息外的财产开支和其他杂项开支（分为经常性和资本性两种）。

第二节 预算绩效管理

现代预算绩效管理改革起源于20世纪80年代英国的“雷纳评审”，随后在OECD成员国家及其他国家广泛地推广实施，并逐渐成为世界性的财政改革潮流。从国际上相关国家的改革实践来看，虽然每个国家所处的发展阶段不同，但预算绩效管理在改进政府部门绩效、提高公共资金使用效率、节约行政成本等方面取得了明显效果，特别是在预算透明度的提升和预算责任追究方面的改革效果明显，政府治理能力和水平明显提升。

一、政府绩效管理内涵

现代政府管理的核心问题是提高绩效。推行政府绩效管理是落实政府责任、改进政府管理、提高政府效能、改善公共治理行之有效的工具。政府绩效是指政府在社会经济管理活动中的结果、效益及其管理工作效率、效能，是政府在行使其功能、实现其意志过程中体现出的管理能力，它包含了政治绩效、经济绩效、文化绩效、社会绩效四个方面。经济绩效是政府绩效的核心，在整个体系中发挥着基础性的作用。维持经济持续发展、社会财富稳定增长，是政府绩效的首要指标。社会绩效是政府绩效体系中的价值目标。实现经济绩效的目的，就是实现社会绩效，保持国家安全、社会稳定，居民安居乐业。政治绩效是整个政府绩效的中枢。实现经济绩效和社会绩效需要政治绩效作为法律和制度的保证与保障。

专栏 1-5 政府绩效衡量的意义

美国政府再造大师戴维·奥斯本（1992）在《改革政府：企业精神如何改革着公营部门》中，提出政府绩效衡量的意义：

如果你不能测量结果，你就无法区分成功和失败。

如果你看不到成功，你就无法进行奖赏。

如果你不奖赏成功，你可能是在纵容失败。

如果你看不到成功，你就不能从中学到东西。

如果你意识不到失败，你就无法进行纠正。

如果你能展示成效，你就能赢得公众的支持。

政府绩效研究在 20 世纪 80 年代进入了一个新的高潮。政府绩效管理成为西方各国行政改革的一个重要组成部分，战略管理、全面质量管理、标杆管理、目标管理、绩效预算、人力资源开发与管理技术等绩效管理技术在政府管理方式中不断得到应用。

政府绩效管理是指在公共部门积极履行公共责任的过程中，在讲求内部管理与外部效应、数量与质量、经济因素与伦理政治因素、刚性规范与柔性机制相统一的基础上，获得最大化公共产出的过程。政府绩效管理又可分为多个具体分支，如目标管理绩效考核、部门绩效考核、机关效能监察、领导班子考核及领导干部考核、公务员考核等。

政府绩效管理是创新政府管理方式的重要举措。21 世纪以来，党中央、国务院对政府绩效管理提出一系列要求。党的十八大报告提出："创新行政管理方式，提高政府公信力和执行力，推进政府绩效管理。"十八届三中全会审议通过的《中共中央关于全面深化改革若干重大问题的决定》强调："严格绩效管理，突出责任落实，确保权责一致。"

专栏 1-6　关于政府绩效改革的有关会议及内容

中共十六届三中全会（2003年）提出"建立预算绩效评价体系"。

中共十七届二中全会（2008年）提出"推行政府绩效管理和行政问责制度"。

中共十七届五中全会（2010年）提出"完善政府绩效评估制度"。

党的十八大（2012年）提出"创新行政管理方式，提高政府公信力和执行力，推进政府绩效管理"。

中共十八届三中全会（2013年）提出"要提高财政支出效率"。

党的十九大（2017年）提出"建立全面规范透明、标准科学、约束有力的预算制度，全面实施绩效管理"。

二、预算绩效管理内涵

现代预算制度强调，预算不再是简单的政府年度收支计划，而

是政府施政最重要的工具，体现政府的战略意图和政策重心。预算绩效是衡量政府绩效的主要指标，也是影响政府效能的关键因素。预算绩效管理，是指在预算管理中融入绩效理念，将绩效目标设定、绩效跟踪、绩效评价及结果应用纳入预算编制、执行、监督的全过程，以提高预算的经济、社会效益为目的的管理活动。其贯穿预算管理全过程，是一个由绩效目标管理、绩效运行跟踪监控管理、绩效评价实施管理、绩效评价结果反馈和应用管理共同组成的综合系统，是深化预算管理改革的具体措施，且预算绩效管理工作的实施具有严密的逻辑关系，是一个完整的闭环机制（见图 1–5）。

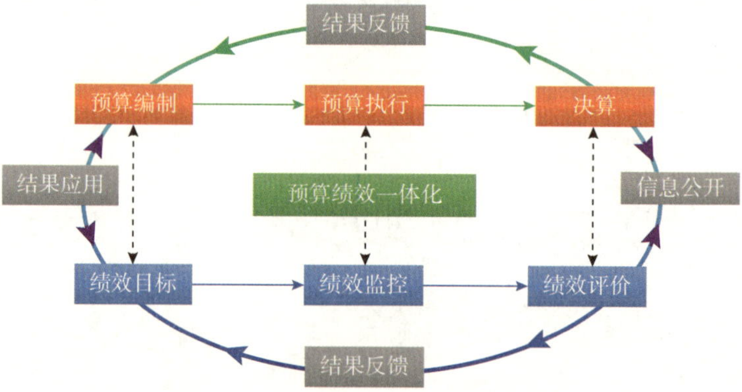

图 1-5　预算绩效一体化管理闭环机制

资料来源：财政部预算司。

预算绩效管理是政府绩效管理的重要组成部分，是一种以支出结果为导向的预算管理模式。强化政府预算为民服务的理念，强调预算支出的责任和效率，要求在预算编制、执行、监督的全过程中更加关注预算资金的产出和结果。预算绩效管理要求政府部门不断改进服务水平和质量，向社会公众提供更多、更好的公共产品和公共服务，使政府行为更加务实、高效。推进预算绩效管理，对于提升政府执政的公信力，促进高效、责任、透明政府的建设具有重大的政治、经济和社会意义。

2014 年《预算法》中，首次以法律形式明确了我国公共预算收支要实施绩效管理，要求各级预算要遵循“讲求绩效”的原则，并对绩效目标管理、绩效评价管理、绩效结果应用管理等作出了规定，为我国全面实施预算绩效管理提供了法律依据。2017 年党的十九大报告中，从全局和战略的高度提出了“全面实施绩效管理”。2018 年 3 月，中共中央《关于人大预算审查监督重点向支出预算和政策拓展的指导意见》明确提出，人大预算审查监督重点向支出预算和政策实施效果拓展。2018 年 9 月，《中共中央 国务院关于全面实施预算绩效管理的意见》，明确全面实施预算绩效管理是推进国家治理体系和治理能力现代化的内在要求，是深化财税体制改革、建立现代财政制度的重要内容，是优化财政资源配置、提升公共服务质量的关键举措。

专栏 1-7 《预算法》关于预算绩效管理的相关条款规定（节选）

《预算法》首次以法律形式明确了我国公共财政预算收支中的绩效管理要求，体现了“强化绩效顶层设计管理、全过程绩效管理、目标管理、强调结果应用管理、人大参与式管理”等五大特征。

第十二条 各级预算应当遵循统筹兼顾、勤俭节约、量力而行、讲求绩效和收支平衡的原则。

第三十二条 各级预算应当根据年度经济社会发展目标、国家宏观调控总体要求和跨年度预算平衡的需要，参考上一年预算执行情况、有关支出绩效评价结果和本年度收支预测，进行编制。

各部门、各单位应当按照国务院财政部门制定的政府收支分类科目、预算支出标准和要求，以及绩效目标管理等预算编制规定，根据其依法履行职能和事业发展的需要以及存量资产情况，编制本部门、本单位预算草案。

第四十九条 人民代表大会审查结果报告要对执行年度预算、改进预算管理、提高预算绩效、加强预算监督等提出意见和建议。

第五十七条 各级政府、各部门、各单位应当对预算支出情况开展绩效评价。

第七十九条 县级以上各级人民代表大会常务委员会和乡、民族乡、镇人民代表大会对本级决算草案，重点审查下列内容：支出政策实施情况和重点支出、重大投资项目资金的使用及绩效情况。

三、为什么推进预算绩效管理

- 一株普通榕树，在政府的账面上身价高达10余万元；某城市一座“应急”用的过街天桥，造价高达5000万元；一部时长5分钟的宣传片，铁道部支付1850万元。

- 政府财政拨款在多个乡镇实施农村清洁工程，每个乡镇投资100多万元建垃圾中转站。可后期运转资金不足，这些造价不菲的垃圾中转站处于闲置状态，只在上级领导检查时才象征性地运转一下。

预算绩效管理是一种先进的管理理念，源自企业，旨在通过提高员工业绩来实现企业发展目标，并以服务对象的满意度为衡量指标的一种管理方法，对于降低生产成本、提高企业效益和顾客满意度等起到了积极作用。

最早对公共支出实行预算绩效管理的国家是英国，1979 年撒切尔夫人上台后，为解决政府的信任危机、财政危机和管理危机，推行了围绕政府机构成本降低和效率提高的“雷纳评审”，通过考核部门“目前干了什么，干这些事情有没有必要，这些事情是怎么干的，能不能减少环节、降低开支、提高效率”等内容，旨在保持既定服务质量的前提下，大幅度减少政府部门的行政开支和运营成本。1988 年实施“下一步行动方案”后，英国开始推进从规则为本到结果为本、从过程控制到结果控制、从隶属关系到契约关系的转变，从而在各部门牢固树立“结果为导向”的绩效意识，使英国的预算绩效管理不断向纵深发展。

澳大利亚在 20 世纪 80 年代也开始推行公共管理改革，以遏制政府开支迅猛增长的势头，摆脱高额赤字的困扰，提高财政预算的效率。澳大利亚早期预算改革的措施主要包括引入预算报表制度、编制中期预算、实施财政管理改善计划等，通过制定项目绩效目标和绩效指标，逐渐将预算管理的重点放在产出和成果上。之后预算改革逐渐延伸到颁布《财政管理及问责法案》等一系列绩效预算管理文件，逐步采用权责发生制政府会计，引入项目绩效评价计划等，提高部门预算管理的透明度和灵活性。

从英、澳等国的改革实践看，预算绩效管理在改进政府部门绩效、提高公共资金使用效率、节约行政成本等方面取得了明显成绩，因此，陆续被日本、韩国、法国、新西兰等 50 多个国家不同程度地效仿，逐渐成为财政管理改革的发展方向。综观实施绩效预算管理的世界各国，虽然改革的原因和方法不尽相同，但目标大致一致，就是创造一个少花钱多办事、高效、廉洁、负责任的政府。

专栏 1-8 米尔顿·弗里德曼花钱办事的四种模式

由下表的花钱矩阵模型来看，A、B、C、D分别代表着四种花钱的模式，哪一种花钱的效果最好呢？哪一种花钱的效果最差呢？公共财政又称为“集众人之财、办众人之事”，干的就是“花别人的钱、给别人办事”的事情。因此，公共财政资金如何使用，需要报预算，经过立法机构的审查批准通过后，方可使用。并且在预算执行过程中，公共部门需要严格按照立法机构批复的预算，合规地使用纳税人的资金，不能随意地调整预算。而合规使用纳税人资金只是改革的第一步，公共部门还需要花好纳税人的钱，提高纳税人资金的使用产出与效果。

	花自己的钱	花别人的钱
给自己办事	A	B
给别人办事	C	D

花自己的钱办自己的事，最为经济——如上街买菜讨价还价；

花自己的钱给别人办事，最有效率——如到医院看病人买礼物；

花别人的钱为自己办事，最为浪费——如公费医疗；

花别人的钱为别人办事，最不负责任——如公共部门采购原料。

——米尔顿·弗里德曼

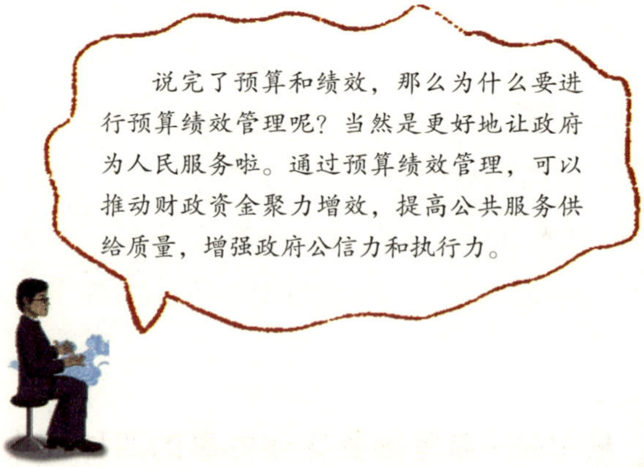

第三节 国家治理体系现代化与预算绩效管理

自20世纪90年代以来，伴随着治理理论在全球范围的兴起与发展，传统的公共管理模式开始面临深刻的变革。一些国家推行新公共管理运动，将治理理念注入政府运作过程，力求缩减政府规模，提升机构效率以及降低服务成本。在这场重塑政府的运动中，预算领域的改革显得尤为重要。

基于国家的治理能力在很大程度上取决于它的预算能力，也就是有效且负责地筹集和使用财政资金的能力，因此，改变国家取钱、分钱和用钱的方式，就能在很大程度上改变国家做事的方式，改变国家治理模式的制度规范。经由预算制度变革实现国家治理的转型，正是我国当前“推进国家治理体系和治理能力现代化”改革的生动写照。十八届三中全会《关于全面深化改革若干重大问题的决定》将财政作为国家治理的基础和重要支柱，其目的就在于发挥财政预算对于推动实现国家治理现代化的关键作用。

一、国家治理体系现代化的内涵

中共十八届三中全会将“完善和发展中国特色社会主义制度，推进国家治理体系和治理能力现代化”作为全面深化改革的总目标，称“财政是国家治理的基础和重要支柱”。这是首次在国家政治层面明确提出国家治理体系和治理能力现代化这一重大命题。2019年中共十九届四中全会围绕全面深化改革总目标，指出坚持和完善中国特色社会主义制度、推进国家治理体系和治理能力现代化，是一项重大战略任务，标定了中国实现现代化的“三阶段”时间表，明确了中国实现现代化的13个方面的“坚持和完善”的路线图。

（一）国家治理的内涵

国家治理是指国家作为一个公共管理机构，在既定的范围内运用公共权力维持秩序，满足公众需要的活动。它作为一种实现国家社会公共管理职能的新理念、新方式和新方法，特别强调政府与公民和其他社会组织的协调与合作，并希望通过政府与公民和其他社会组织之间的合作和互动，寻求一种达到“善治”的社会管理体制。它是多层管理主体共同管理社会公共事务、处理社会冲突、协调不同利益的一系列制度、体制、规则、程序和方式的总和。国家治理能力，则是一个国家制定法律制度、执行公共政策、治理经济社会事务以及维护政治经济及社会秩序等能力的整体体现。一个治理能力优良的国家，对外可有效地维护国家利益与国家安全，对内可使人民形成长期稳定的、良好的心理预期，安居乐业，学有所教、劳有所得、病有所医、老有所养、住有所居。

（二）国家治理与国家统治的区别

“国家治理”理念是政府意识形态的转变，传统政治理论认为“国家或中央政府只需要行政命令或红头文件即可对经济社会施行有效管理”，政府统治的权力运行方向总是自上而下的，它运用政府的政治权威，通过发号施令、制定政策和实施政策，对社会公共事务实行单一向度的管理。在“统治”语境中，政府更多地扮演全能政府、集权政府和人治政府的角色，政府有至高无上的权威，“统治”就是政府对市场、社会、纳税人自上而下的“直接管控”，政府与市场、社会、纳税人之间容易成为一种对立关系，甚或出现大政府、小市场与小社会的格局。

治理意味着国家与社会关系的调整，在调整中，政府之外的力量被更多地强调，国家中心的地位在一定程度上被国家、社会和市场的新的组合所替代。治理打破传统民族国家与国际社会、政治国家与公民社会、公共部门与私人部门、计划与市场之间的二元对立思维，强调行为体之间通过谈判、协商最终达成自觉合作的一种状态。

表 1-3　“治理”与“统治”的区别

	权力主体	权力性质	权力来源	作用所及范围
治理	政府、企业组织、社会组织、居民自治组织	协商	法律、契约	以公共领域为边界，更为宽广
统治	政府或国家公共权力	强制性	强制性国家法律	以政府权力所及领域为边界

（三）国家治理的关键要素与特征

综合联合国开发计划署和全球治理委员会（CDD）等的界定，现代国家治理主要含有五个基本要素。

1. 规则性（regulation）

即社会秩序和权威被公民普遍认可和自觉服从的性质与状态。

2. 透明度（transparency）

即包括立法活动、政策制定、法律条款、政策实施、行政预算、公共开支等有关的政治活动信息，在不涉及国家安全和个人隐私情况下公民都有权获得，并积极参与公共治理和管理过程，以此实现对公权力实施有效的监督。

3. 问责制（accountability）

即国家各级行政机构和公职人员依法必须履行的职责和义务，拒不履行者或尽责不到位者将受到惩罚。

4. 法治化（rule of law）

即在民主基础上形成国家治理的基本规则，即法律面前人人平等。在规范公民行为的同时，更制约政府权力滥用，其最终目的在于保护公民自由。

5. 回应性（responsiveness）

实为问责制的延伸，即国家各级行政机构和公职人员须对公民的要求做出及时的和负责的反应，定期、主动地征询意见，并对政策文件进行及时解释和回答公民的问题。

（四）国家治理体系和治理能力现代化

国家治理体系和治理能力是一个国家制度和制度执行能力的集中体现。国家治理体系是在党领导下管理国家的制度体系，包括经济、政治、文化、社会、生态文明和党的建设等各领域体制机制、法律法规安排，也就是一整套紧密相连、相互协调的国家制度；国家治理能力则是运用国家制度管理社会各方面事务的能力，包括改革发展稳定、内政外交国防、治党治国治军等各个方面。

中共十八届三中全会提出了全面深化改革的总目标，并把“推进国家治理体系和治理能力现代化”作为其重要内容，这对于中国未来政治发展乃至整个社会主义现代化建设事业具有重大的理论意义和现实意义。中共十九届四中全会指出，坚持和完善中国特色社会主义制度、推进国家治理体系和治理能力现代化，是一项重大战略任务。

拓展区：为何推进、如何推进国家治理体系和治理能力现代化

为何要推进国家治理体系和治理能力现代化

真正实现社会和谐稳定、国家长治久安，还是要靠制度，靠我们在国家治理上的高超能力，靠高素质干部队伍。我们要更好发挥中国特色社会主义制度的优越性，必须从各个领域推进国家治理体系和治理能力现代化。

——2013年11月12日，习近平总书记在中共十八届三中全会第二次全体会议上的讲话

如何推进国家治理体系和治理能力现代化

第一，要适应时代变化。

推进国家治理体系和治理能力现代化，就是要适应时代变化，既改革不适应实践发展要求的体制机制、法律法规，又不断构建新的体制机制、法律法规，使各方面制度更加科学、更加完善，实现党、国家、社会各项事务治理制度化、规范化、程序化。

——2013年11月12日，习近平总书记在中共十八届三中全会第二次全体会议上的讲话

第二，要创新制度安排。

我们要通过创新制度安排，努力克服人为因素造成的有违公平正义的现象，保证人民平等参与、平等发展权利。

——2013年11月12日，习近平总书记在中共十八届三中全会第二次全体会议上的讲话

第三，两个“坚守”。

推进国家治理体系和治理能力现代化，要大力培育和弘扬社会主义核心价值体系和核心价值观，加快构建充分反映中国特色、民族特性、时代特征的价值体系。坚守我们的价值体系，坚守我们的核心价值观，必须发挥文化的作用。

——2014年2月17日，习近平总书记在省部级主要领导干部学习贯彻十八届三中全会精神　全面深化改革专题研讨班开班式上的讲话

第四，三个“坚决”。

改革是决定当代中国命运的关键一招，我们必须坚定不移高举改革旗帜，坚决冲破思想观念束缚，坚决破除利益固化藩篱，坚决清除妨碍生产力发展和社会进步的体制机制障碍，不断推进国家治理体系和治理能力现代化。

——2016年10月21日，习近平总书记在纪念红军长征胜利80周年大会上的讲话

第五，深化党和国家机构改革。

我们整体性推进中央和地方各级各类机构改革，重构性健全党的领导体系、政府治理体系、武装力量体系、群团工作体系，系统性增强党的领导力、政府执行力、武装力量战斗力、群团组织活力，适应新时代要求的党和国家机构职能体系主体框架初步建立，为完善和发展中国特色社会主义制度、推进国家治理体系和治理能力现代化提供了有力组织保障。

——2019年7月5日，习近平总书记在深化党和国家机构改革总结会议上的讲话

二、国家治理体系现代化是现代预算制度改革的价值取向

建立全面规范透明、标准科学、约束有力的现代预算制度“是国家治理体系和治理能力现代化的基础和重要标志，是强化预算约束、规范政府行为、实施有效监督，把权力关进制度笼子的重大改革举措”。财政是国家治理的基础和重要支柱，而预算作为财政制度的核心内容，必然要在国家治理中发挥重要的作用。政府预算制度与国家治理之间存在着内在的互动关系。一方面，政府依据每年的财政预算来安排政府活动，它为国家治理起到一定的引导作用；另一方面，不同的国家治理结构和水平反过来对政府预算有着不同的影响和要求。越是预算制度完善的国家，其国家治理也更加高效而且负责。

（一）现代预算制度是国家治理体系的重要组成部分

现代预算制度与国家治理机制密不可分。现代预算制度是国家政治与经济监督的载体，有什么样的国家治理机制就必须有符合本国特色的预算制度与之相适应。不同国家或同一国家不同时期的国家治理目标、国家的现实任务、所面临的形势、国家治理所处的地域性等规定了预算制度具体的运行规范，直接或间接影响国家预算制度发挥作用的大小。

（二）现代预算制度是国家治理能力的基础和保障

预算是有关政府财务收支计划的报告或报告汇编，记录了收入、支出、活动及目的等信息。现代预算制度实际上是涉及政府“钱袋子”的法律。综观我国国家治理体系中的各项制度，现代预算制度无疑是最与人民息息相关的，因为它以法律形式规范了政府的各项收支活动，起到反腐倡廉和保护人民合法权益的重要作用，维护了社会公众的切身利益。而现代预算制度的实行也提高了政府财政运作效率，体现了政府的治理行为，在政府治理能力的具体发挥中起到了基础性的保障作用。

（三）现代预算制度的构建有利于完善国家治理机制

1. 促进政府施政法治化，推动依法治国

现代预算制度是领导决策的着眼点和民众的关注点，预算监督必须站在立党为公、执政为民的高度，切实领会全面推进依法执政、依法行政、依法治国的重要性和紧迫性，真正把促进我党依法执政、政府依法行政、全社会依法治国作为现代预算制度监督的基本行为准则，厘清政府与市场、政府与社会这两组关系，充分发挥政府的经济调节、市场监管、社会管理和公共服务等四个方面的经济职能作用，尽快建立促进权责明确、行为规范、监督有效、保障有力的预算执法体制。

2. 促进政府施政高效化，推动经济社会可持续发展

现代预算制度能督促政府为避免遭受“秋后算账”的尴尬，仔细衡量公共经济资源的投入、配置及由此带来的社会效益，“深谋远虑，谋定后动”，方能提升经济社会运行的品质、成绩和效果，推动经济和社会的全面、协调、可持续发展。通过开展对实践中预算问题的分析和原因探寻，深刻论述了国家治理中现存的体制性漏洞、机制性障碍和制度性缺陷，进一步展现现代预算制度重要的建设性意见和建议，配合中央部署，全面深化改革，大力推动国家治理体系和治理能力现代化。

3. 促进对政府短视和任意行为的制约与管理

如果我们从现代预算制度的思路出发，控制住各级政府的财权，控制住公共资金的来源和流向及流量，让公共财产的收支管理都在阳光下运行，将公共资源分配和使用的权力约束在预算制度的笼子中，各级官员的“敛财冲动”和“投资冲动”将会大为降低，权力寻租的行为将没有实施环境。所以，构建起全面完整、公开透明、约束制衡、监督有力的现代预算制度，是构建国家治理体系的重要内容。

三、预算绩效管理是完善国家治理的突破口

预算绩效管理突出责任和效率、关注产出和结果，是现代科学理论在政府管理上的具体运用。新公共管理理论提出，要打造服务型政府、责任政府和效率政府，更加关注公共部门直接提供服务的效率，通过标杆管理法等对不同部门的绩效进行评价。现代政府管理理论认为，公共管理与企业管理之间不存在本质区别，企业管理中要求的绩效管理、质量管理、目标管理、成本管理、结果控制等，公共管理都同样适用。财政预算体现国家经济社会发展的大政方针和任务部署，反映政府活动的范围和方向。全面实施预算绩效管理，对绩效目标实现程度开展评价，推进绩效信息公开，有利于为政府履行职能提供坚实的物质基础和体制保障，督促各级政府部门认真履职尽责，提高行政效率，全面提升政府效能，增强政府公信力和执行力，加快实现国家治理体系和治理能力现代化。

四、预算绩效管理是推动国家经济高质量发展的重要工具

党的十八大以来，我国经济运行保持在合理区间，发展质量和效益不断提升，国家财政实力迈上新台阶。2019 年全国一般公共预算支出已经接近 24 万亿元，加上政府性基金预算、国有资本经营预算，财政支出规模更加可观。提高预算绩效水平，管好用好财政资金，把钱用到“刀刃”上、花出效益来，这是各级财政部门和所有预算单位的基本职责所在。随着国家“钱袋子”越来越沉，财政部门的责任也越来越大。按照公共产品理论，政府及其财政活动，如同个人产品的购买和消费一样，必须确保和体现消费者个人效用最大化的根本要求，实现对政府提供公共产品成本的约束和管理，符合投入产出的绩效观。在政府预算管理中，也必须强调财政支出的有效性，在关注有多大蛋糕可分配、分配到什么项目的同时，要更加关注公共政策的成本和效果，不断提高现代财政治理水平，通过有效配置财政资源，推动经济实现高质量发展。

专栏 1-9　全面实施预算绩效管理与治理理念转变

2018年9月，《中共中央 国务院关于全面实施预算绩效管理的意见》印发，全面实施预算绩效管理的顶层设计已经形成，我们进入了预算绩效管理的新时代。新时代要有新目标、新要求、新制度和新举措，我们要把思想认识和行动统一到党中央、国务院决策部署上来，增强“四个意识”，坚定“四个自信”，提高政治站位，把全面实施预算绩效管理各项措施落到实处。

全面实施预算绩效管理是新时代党中央、国务院的重大战略部署，是政府治理和预算管理的深刻变革。

首先是治理理念。坚持以人民为中心的发展思想，是习近平新时代中国特色社会主义思想的重要组成部分。中国特色社会主义进入了新时代，适应我国社会主要矛盾变化，必须坚持以人民为中心。以人民为中心就是要始终把实现好、维护好、发展好最广大人民的根本利益作为工作的出发点和落脚点，建设人民满意的服务型政府。全面实施预算绩效管理，要求在预算管理中全面融入绩效理念和绩效方法，更加注重结果导向。这一点本质上就是要以人民为中心，把取之于民的财政资金风险控制好、合理配置好、有效管理好、精准使用好，更高质量、更有效率、更加公平、更可持续地提高公共服务质量和水平，不断提升人民的获得感、幸福感、安全感。

其次是治理方式。全面实施预算绩效管理是推进国家治理体系和治理能力现代化的有力举措，是政府治理方式的深刻变革。预算是政府活动和宏观政策的集中反映，也是规范政府行为的有效手段。以全面实施预算绩效管理为关键点和突破口，解决好绩效管理中存在的突出问题，可以弥补我国政府实施绩效管理中的短板，有利于夯实各地区、各部门、各单位绩效主体责任，推动政府效能提升，加快实现国家治理体系和治理能力现代化。

最后是治理责信。责信是责任、说明、报告和信任的统一，是现代政府治理的基本准则。全面实施预算绩效管理突出责任和效率，关注产出和结果。预算绩效是衡量政府绩效的主要指标之一，本质上反映的是各级政府、各部门的工作绩效。全面实施预算绩效管理旨在实现预算和绩效一体化，将“花钱”和“办事”统一起来，通过绩效目标的设定、监控、评价、报告和公开，实现政府责任的计量化、透明化、可视化，这有效地反映了国家经济社会发展的大政方针和任务部署，体现了政府活动的范围和方向，成为落实现代政府治理责任的有效工具。全面实施预算绩效管理有利于促进各地区、各部门、各单位认真履职尽责，提高管理效率，全面提升政府效能，增强政府公信力和执行力，加快实现国家治理体系和治理能力现代化。

资料来源：白景明：“新意义、新目标、新制度、新要求：把全面实施预算绩效管理落到实处”，载于《中国财政》，2019 年第 10 期。

第二章

中国预算绩效管理的引进与发展

经过近20年的发展，预算绩效管理在我国已取得显著成效，绩效评价实践经验不断丰富，评价范围日益扩大，已从项目支出绩效评价逐步延伸到部门整体支出绩效评价，部分地区已覆盖到政策绩效评价和基金绩效评价。2018年9月，《中共中央 国务院关于全面实施预算绩效管理的意见》要求，力争用3～5年时间，基本建成全方位、全过程、全覆盖的预算绩效管理体系，实现预算和绩效管理一体化，着力提高财政资源配置效率和使用效益，改变预算资金分配的固化格局，提高预算管理水平和政策实施效果，为经济社会发展提供有力保障。

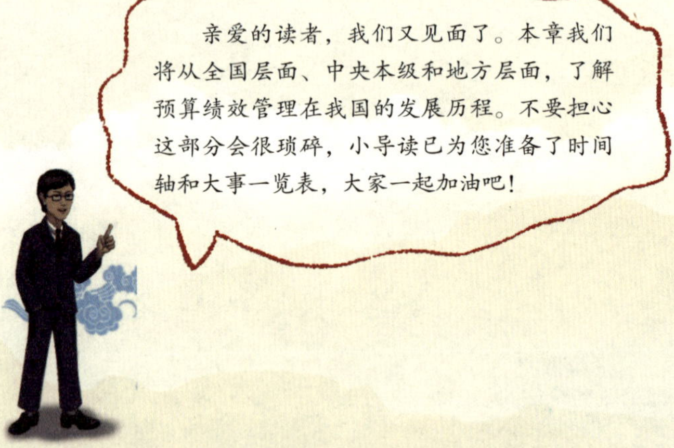

第一节
我国预算绩效管理的历史演变

1998年以来，随着公共财政框架体系的建立，我国逐步开始以实施预算绩效考评、建立绩效评价体系为起点，以最终实现预算绩效管理为目标的积极探索和实践，各级人大、各级政府关于预算绩效管理的政策措施不断发布，逐步形成相对完善的预算绩效管理政策体系与制度规范。

一、我国预算绩效管理起步阶段（20世纪90年代末至2003年）

预算绩效考评与评价在我国的起步与发展阶段始自20世纪90年代末，此时预算绩效管理理念已进入我国，理论界和实际部门对我国实行预算绩效管理的必要性和可行性问题进行了较为深入的探讨，认识到虽然我国还不具备全面实行预算绩效管理的条件，但是积极探索建立预算绩效评价体系，开展财政支出绩效评价，提高财政资金使用效益，对我国公共财政制度构建具有重要意义，同时也具备可行性。

2000年，根据财政部安排，湖北省财政厅率先在恩施土家族苗族自治州选取5个行政事业单位进行了评价试点，真正意义上的预算支出绩效评价开始在我国起步。2001年，财政部要求各省（自治区、直辖市）进行财政支出绩效评价工作的研究探索，并于2002年在内蒙古自治区召开“国家财政支出绩效评价”座谈会，探讨财政支出绩效评价体系的构建，并成立课题组进行专题研究。同期，财政部还组织工作人员到澳大利亚和新西兰等国进行预算绩效管理考察，学习和借鉴国外经验。

2001 年 7 月，财政部出台《中央部门项目支出预算管理试行办法》（财预〔2001〕331 号），提出将对中央部门年度预算安排的项目实行绩效考评制度，并将项目完成情况和绩效考评结果作为以后年度审批项目立项的参考依据（见图 2–1）。

这一针对中央部门项目进行绩效考评的要求，可视为我国预算绩效管理的萌芽，也意味着以绩效考评为突破口的政府预算改革正式开启。自此，中国正式拉开政府预算绩效管理改革的序幕。

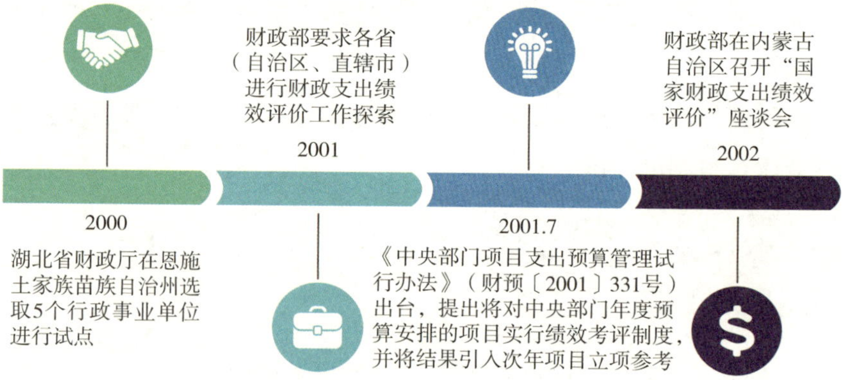

图 2-1　中国预算绩效管理起步阶段大事记（节选）

二、我国预算绩效管理发展阶段（2003 年至 2017 年）

2003 年，十六届三中全会《中共中央关于完善社会主义市场经济体制若干问题的决定》将“建立预算绩效评价体系”确定为我国财政预算改革的核心内容。

2005 年 5 月，财政部印发《中央部门预算支出绩效考评管理办法（试行）》（财预〔2005〕86 号），提出以绩效考评的内容、方法、指标、组织管理、工作程序以及结果应用为核心，开展预算支出绩效评价。

2009 年 6 月，财政部下发《财政支出绩效评价管理暂行办法》（以下简称“《暂行办法》”）（财预〔2009〕76 号）。此《暂行办法》

相比 2005 年的《中央部门预算支出绩效考评管理办法（试行）》呈现三点进步：①扩大了绩效评价对象的范围，即不仅包含部门预算管理的财政性资金，还包含上级政府对下级政府的转移支付资金。②对绩效目标的内容和要求做出了详细说明，要求将绩效目标编入部门年度预算。③对绩效报告和绩效评价报告的撰写提出要求，使绩效评价落实到书面，避免绩效评价陷于“空对空”的形式主义。

2011 年 4 月，财政部对 2009 年下发的《暂行办法》进行了修订，同时发布《财政支出绩效评价管理暂行办法》（财预〔2011〕285 号），进一步细化了绩效评价的对象和内容、绩效目标、绩效评价指标、评价标准和方法、评价组织管理和工作程序、绩效报告和绩效评价报告、评价结果及应用，修订后的办法成为我国沿用至今最为核心及重要的财政支出绩效评价指导性文件。

2012 年，财政部印发《预算绩效管理工作规划（2012—2015 年）》（财预〔2012〕396 号），将预算绩效管理规范为“预算编制有目标、预算执行有监控、预算完成有评价、评价结果有反馈、反馈结果有应用”的全过程预算绩效管理。

2014 年 8 月，十二届全国人大常委会第十次会议表决通过修改《中华人民共和国预算法》的决定。修订后的《预算法》首次以法律形式明确了财政预算绩效管理的要求，为中国预算体制由传统预算向绩效预算转型奠定了坚实的法理基础（见图 2–2）。

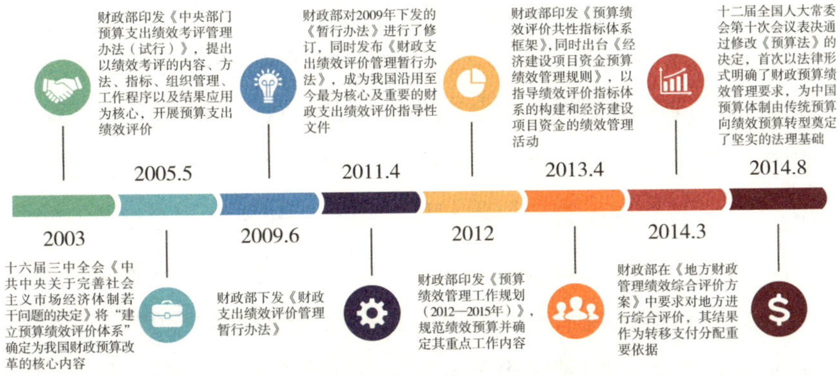

图 2-2　中国预算绩效管理规范发展阶段大事记（节选）

2014 年 10 月，《国务院关于深化预算管理制度改革的决定》（国发〔2014〕45 号），提出要“健全预算绩效管理机制。全面推进预算绩效管理工作，强化支出责任和效率意识，逐步将绩效管理范围覆盖各级预算单位和所有财政资金，将绩效评价重点由项目支出拓展到部门整体支出和政策、制度、管理等方面，加强绩效评价结果应用，将评价结果作为调整支出结构、完善财政政策和科学安排预算的重要依据”。

2015 年 6 月，财政部发布《中央部门预算绩效目标管理办法》（财预〔2015〕88 号），将绩效目标分为基本支出、项目支出和部门整体支出三类，对绩效目标的设定、审核、应用作出详细规定，以促进绩效目标和预算执行、绩效评价的融合。该办法是将绩效目标管理纳入全过程预算绩效管理机制后进行模块化管理的开端。

2015 年 9 月，财政部发布《中央对地方专项转移支付绩效目标管理暂行办法》（财预〔2015〕163 号），规定中央对地方专项转移支付在填报绩效目标的同时，要加强绩效目标审核，同时还制定了较为完善的绩效目标申报及审核表等规范性文本，并对中央对地方专项转移支付绩效目标的批复、调整与应用提出相应要求。

2016 年 7 月，财政部选择教育部、国土资源部、工业和信息化部等 15 个中央部门的部分项目，开展项目支出绩效目标执行监控试点，以一级项目为对象，对项目绩效目标的完成程度及趋势进行监控。

2017 年 9 月，为进一步发挥绩效评价对财政专项扶贫资金使用管理的导向和激励作用，财政部和国务院扶贫办联合发布《财政专项扶贫资金绩效评价办法》（财农〔2017〕115 号），开展财政专项扶贫资金绩效目标管理工作，探索经验，并结合实际逐步推进。

上述文件的出台是对国务院《关于深化预算管理制度改革的决定》文件精神的积极响应，同时，也在拓展绩效管理范围、强化绩效目标管理、加强结果应用等方面发挥了积极作用，使中国全过程预算绩效管理形成了闭合链条。

三、我国预算绩效管理新时代（2017 年至今）

党的十九大报告中指出："要加快建立现代财政制度，建立权责清晰、财力协调、区域均衡的中央和地方财政关系。建立全面规范透明、标准科学、约束有力的预算制度，全面实施绩效管理。"作为改革和发展的纲领性文件，十九大报告为中国预算绩效管理的深化改革指明了方向。

为落实十九大精神，积极推进预算绩效管理的全面实施，2018 年 7 月 6 日，中央全面深化改革委员会第三次会议审议通过《关于全面实施预算绩效管理的意见》；2018 年 9 月《中共中央 国务院关于全面实施预算绩效管理的意见》（中发〔2018〕34 号）正式发布，该意见指出，应在 3 ~ 5 年时间内基本建成全方位、全过程、全覆盖的预算绩效管理体系，实现预算和绩效管理一体化。

《关于全面实施预算绩效管理的意见》是中共中央审议通过的首个关于预算绩效管理方面的文件，体现了党中央对这项工作的高度重视以及全新要求。全面实施预算绩效管理是政府治理方式的深刻变革。要牢固树立正确政绩观，创新预算管理方式，突出绩效导向，落实主体责任，通过全方位、全过程、全覆盖实施预算绩效管理，实现预算和绩效管理一体化，着力提高财政资源配置效率和使用效益。这对于我国预算管理改革和政府绩效管理改革具有里程碑意义。

以上述意见为指导，财政部于 2018 年 11 月发布《关于贯彻落实〈中共中央 国务院关于全面实施预算绩效管理的意见〉的通知》（财预〔2018〕167 号），提出全面实施预算绩效管理的路径与总体目标，即到 2020 年底，中央部门和省级层面要基本建成全方位、全过程、全覆盖的预算绩效管理体系，既要提高本级财政资源配置效率和使用效益，又要加强对下转移支付的绩效管理，防止财政资金损失浪费；到 2022 年底，市县层面要基本建成全方位、全过程、全覆盖的预算绩效管理体系，做到“花钱必问效、无效必问责”，大幅提升预算管理水平和政策实施效果（见图 2-3）。

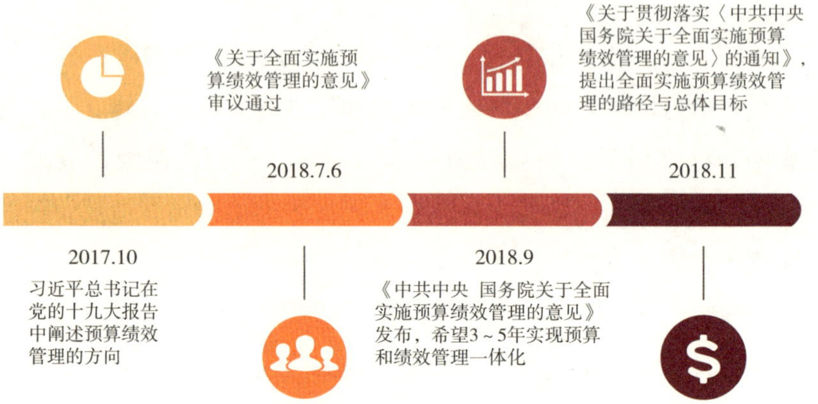

图 2-3　中国预算绩效管理新时代大事记（节选）

随着上述政策措施的不断完善和体制机制的不断创新，中国预算绩效管理逐步迈入改革创新的深化阶段，在政府预算、部门和单位预算、政策和项目预算等全方位，在事前、事中、事后等全过程，在一般公共预算、政府性基金预算、社会保险基金预算、国有资本经营预算等全覆盖领域，开启了更为系统、深入、全面的改革。

第二节 中央本级预算绩效管理的引进与发展

一、中央本级预算绩效管理的引进历程

2011 年，第一次全国预算绩效管理工作会议在广州召开，财政部副部长廖晓军为全面推进预算绩效管理工作提出新的目标：建立覆盖所有财政性资金，贯穿预算编制、执行、监督全过程的具有中国特色的预算绩效管理体系。自此，“预算绩效管理”这个专业

术语开始被实务界广泛采用，同时也得到理论界的普遍认可。

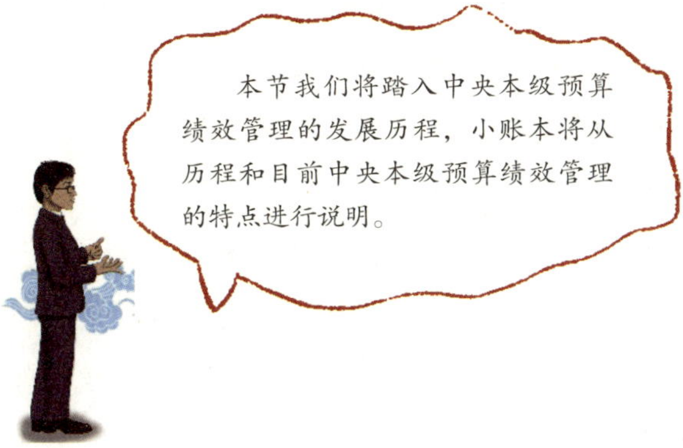

（一）全过程预算绩效管理框架初步形成

2011—2018 年，中央部门在预算绩效管理方面开展了积极探索，初步建立起预算绩效管理体系基本框架，形成以项目支出为主的一般公共预算绩效管理体系，并不断延伸和拓展。绩效目标管理逐步覆盖所有中央部门本级项目、中央对地方专项转移支付，以及部分中央政府性基金和中央国有资本经营预算项目，初步建立起比较全面规范的绩效指标体系。绩效目标的执行监控范围也逐步扩大，在前期试点的基础上，2018 年绩效目标运行监控扩大到所有中央部门本级项目，通过薄弱环节的跟踪查找，及时堵住管理“漏洞”，纠正了执行偏差。

在本级项目绩效自评全覆盖的基础上，中央部门还大力推进重点政策及项目绩效评价，每年选择部分重点、重大民生政策和项目开展绩效评价，逐步建立起重点绩效评价常态机制。

此外，中央部门还不断强化绩效评价结果的反馈及应用，将部分绩效评价结果应用于预算安排和政策调整。同时，加大绩效信息公开力度，2018 年将中央部门本级 36 个重点项目和所有中央对地方专项转移支付绩效目标、15 个重点项目绩效评价报告、93 个中央部门 182 个项目绩效自评结果，提交全国人大常委会参阅和审议，并稳步推动上述绩效信息向社会的全面公开。

总体来看，在这一阶段，我国的预算绩效管理已由单纯的绩效评价上升到全过程全方位绩效管理层面，预算绩效管理流程基本囊括了预算编制、预算执行、预算报告及预算监督等环节，还在健全预算管理制度体系、引入第三方绩效评价、拓展预算绩效管理试点等方面做出了大胆尝试，这些都为我国预算绩效管理的全面实施奠定了坚实的基础。

（二）预算绩效管理由点到面，逐步推向全面

从预算支出类型来看，基于财政支出项目主管部门明确、工作内容单一，适宜开展试点工作，中央部门预算绩效管理各项试点大多从项目支出开始，试点后总结完善，再逐步扩大范围，并向专项支出、部门整体支出、政策支出等其他支出类型推广。从预算管理类型来看，一般公共预算资金规模大、社会关注度高、影响深远，是中央部门财政资金最重要的组成部分，因此中央部门预算绩效管理试点一般也先从一般公共预算资金开始，然后再逐步向政府性基金预算、国有资本经营预算、社会保险基金预算等其他“三本预算”延伸。

（三）注重管理机构和专业机构建设，组织领导力和专业支撑力不断增强

预算绩效管理是一项专门性、系统性工程，内容丰富庞杂，需要有专门的机构和人员付出一定的时间、精力去研究和探索。在中央部门预算绩效管理改革过程中，各部门都十分重视组织机构建设。截至目前，已有更多的中央部门成立了预算绩效管理领导小组和专门组织机构，并积极争取增加预算绩效管理的编制和人员，为该项工作推进提供了相应的组织领导和人员保障。

预算绩效管理也是一项专业性强、技术复杂的工作，尽管在具体工作流程上大同小异，但具体技术及方法选择上难度较大，需要专业力量给予支撑。为此，中央部门在推行预算绩效管理的过程中，十分重视对第三方中介机构的培养和借助行业专家学者的力量。以财政部预算评审中心为例，财政部预算评审中心通过招投标方式，确定参与预算绩效管理工作的中介机构库，并每三年更新

一次，每次任务确定后根据业务特点在库中选择合适的中介机构参加，以保证任务符合中介机构的承担能力。

（四）评价结果从内部通报到向社会公开，范围不断扩大

在开始实施预算绩效管理时，评价结果的公开以政府或有关部门内部通报为主，公开范围和应用程度比较有限。近几年来，这一状况逐步得到改善。2018 年，中央层面公开决算的部门数量由 2011 年的 90 个增加至 105 个，公开内容继续深化，绩效得到重点突出，中央部门随决算公开的预算绩效信息从一般公共预算扩大到政府性基金预算，共公开绩效自评结果 170 个、重点项目绩效评价报告 82 篇，分别比上年增长 75% 和 356%。

专栏 2-1　中央财政 2016 年以来全面实施预算绩效管理开展状况

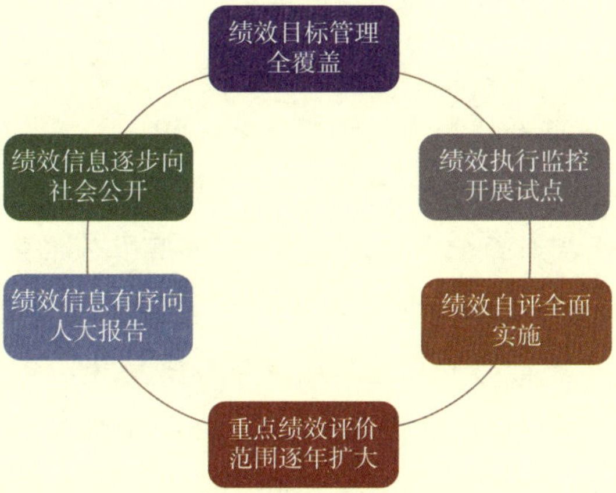

一般公共预算绩效管理体系

2016年以来，中央财政初步构建起一般公共预算绩效管理体系。

一是实现绩效目标管理全覆盖，促进“花钱”和“办事”相结合。2016年，财政部组织力量对153个中央部门的全部2024个一级项目以及93项中央对地方专项转移支付绩效目标进行集中会审，形成了包括产出数量、质量、时效、成本、经济效

益、社会效益、生态效益、可持续影响以及服务对象满意度等9个维度在内的规范化绩效指标体系，初步建立了绩效目标与预算资金“同步申报、同步审核、同步批复”的机制。

二是开展绩效监控试点，及时纠正执行偏差。2016年选择水利部、银监会、审计署、中组部、教育部等15个中央部门开展绩效监控试点；2017年进一步扩大到所有中央部门，跟踪项目绩效目标完成情况，及时堵塞“管理漏洞”，纠正执行偏差。

三是推动绩效自评全覆盖，落实部门主体责任。首次组织中央部门对2016年度所有项目支出开展绩效自评，对绩效目标完成情况进行了全面体检，为部门落实主体责任、加强内部管理找到了有效“抓手”。

四是建立重点绩效评价常态机制，加强结果应用。2016年以来，财政部每年选择部分重点民生政策和重大专项支出，以预算评审中心和专员办为主体，会同第三方机构开展重点绩效评价。截至目前累计评价项目（政策）60个，涉及资金6878亿元，其中，中央本级项目26个，专项转移支付34个。绩效评价结果已经作为完善政策、改进管理和安排预算的重要依据。

五是建立绩效信息公开机制，主动接受社会监督。将66项中央对地方专项转移支付整体绩效目标随同2017年中央预算草案，报送全国人大财经委员会参阅；选择10个中央部门的10个重点项目绩效目标及指标，随同2017年部门预算草案提交全国人大常委会审议。将重点项目绩效评价报告随同中央决算提交全国人大常委会参阅，数量从2016年的5个增加到2017年的10个。将99个中央部门的111个一级项目绩效自评结果，在提交全国人大常委会审议的2016年度部门决算草案中反映。上述重点项目绩效目标、绩效评价报告和自评结果，已经主动向社会公开。

资料来源：财政部预算司。

二、中央本级预算绩效管理特点

经过10余年的持续推进，中央部门预算绩效管理改革在树立绩效理念和责任意识、提高财政资金的使用效益、促进公共财政管理体系完善、提升政府公信力及执行力等多个方面取得了较为显著和突出的成绩，具有如下特点。

（一）绩效理念逐步深入，支出需求扩张得到一定抑制

预算绩效管理改革10余年持续不断地推进，使中央部门逐步将预算绩效管理的理念融入实际工作之中。全过程预算绩效管理要求各部门、各单位在预算编制阶段需就项目立项的必要性、实施方案的可行性、绩效目标的合理性、财政投入的风险性进行综合论证，并提供可量化的绩效考核指标，使预算的编制及执行质量有了较大幅度的提升。而项目的事后绩效评价及结果反馈，既便于财政部门在安排下一年度财政资金时充分考虑，也能够促进绩效不好的部门及项目及时整改，不仅有利于绩效管理理念的全方位渗透，还对打破支出固化格局、改变传统预算分配方式、提高预算分配有效性、抑制支出部门不切实际的需求扩张，具有明显的推动作用。

（二）从人为分钱到制度分钱，财政资金配置效率明显提高

基于预算支出绩效评价要求所有参评的项目，不仅要按时完成项目，而且还要取得一定的成效，使中央部门必须慎重考虑自己的预算申请，计划不周详、风险较大的非刚性支出随之大量减少。而对于事前绩效评价项目来说，鉴于论证不扎实的项目根本无法通过评审，无法申请到财政资金，使以往那种编个项目名称就可以向财政伸手要钱的做法再也行不通了。制度化的分钱方式逐步开始取代人为的分钱模式，使财政资金配置效率得到一定程度提高。

此外，在绩效评估的监督下，中央部门在选择时，会优先考虑那些比较容易出绩效的项目。专家和第三方在审查时，也注重比较一个部门内不同项目间的绩效，或不同部门间相近项目的绩效。预期绩效高的项目通常更容易获得资助，即使是那些只开展了事后绩

效评价的地方，虽然绩效评价的结果与下一年的资金分配数量还没有直接的关联，但项目绩效评价较差的部门在申请下一年预算时，财政部门通常会审查得更加严格，无形中增加了部门预算申请的交易成本。因而，除非一些影响力较大、政策需求较强的项目，绩效对部门其他专项资金的分配也逐步开始发挥决定性影响，即财政资金开始流向预期绩效较好的领域。

（三）管理体系不断完善，组织机制不断健全

在制度层面上，中央部门出台各类规章制度，逐步构建起预算绩效管理框架，增强了预算绩效管理制度的权威性。除前述财政部出台的绩效管理总体文件，各中央部门也逐渐建立起部门预算绩效管理制度，如中国气象局出台《气象部门预算绩效管理办法》、国家海洋局出台《财政支出绩效评价管理暂行办法》等。

在组织层面上，中央部门进一步强化预算绩效管理组织领导，加强机构组织建设，充实人员力量。财政部在预算司设立“预算绩效管理处”，负责全国范围预算绩效管理的组织工作，同时，将投资评审中心转化为预算评审中心，以强化中央层面的预算绩效管理及对地方预算绩效管理的指导。

（四）预算与国家战略及政策优先方向的衔接进一步紧密

预算绩效管理要求财政资金决策需要与国家战略相符、与政府政策优先方向相符、与部门职能相符、与民生需求相符、与公共财政属性相符，绩效管理对财政支出政策及项目开展的相关性审查与评价，促使预算资金的决策更有利于落实国家的战略及政策意图，有利于保障民生服务政策及项目的实施，也使预算资金配置与国家战略的衔接进一步增强。

（五）预算更加透明，政府公信力不断增强

在中央部门预算绩效管理改革中，其民主化理财趋势都非常明显，一是人大广泛参与到绩效评价的工作之中，各类绩效评价结果不仅要上报中央政府，同时还要上报全国人大，接受人大的监督，使人大成为预算绩效管理落实的重要推手；二是绩效目标、绩效评

价结果、绩效报告及时在网上公开，接受公众的监督，使政府预算的公开与透明度得到一定程度提升。与此同时，在绩效评价开展中还有大量来自各行各业的专家参与，他们都是纳税人及民众的代表，对于推进中央部门预算公开、民主具有极大的影响。

延伸阅读：
从百余家中央单位晒“账单”，透视预算改革三大信号。

第三节
地方层面预算绩效管理的引进与发展

中国的预算绩效管理改革一直呈现一种地方倒逼中央的发展态势，地方预算绩效管理改革的积极性与主动性较高，在绩效评价技术与方法、绩效评价管理与创新等方面，都进行了有益探索。本节选取广东省、广州市、北京市、上海市、无锡市为样本，对预算绩效管理改革在地方的推进进行梳理。

一、以目标管理及指标库构建为牵引的广东省预算绩效管理改革

（一）绩效目标管理不断增强

广东省不断强化绩效目标管理的龙头作用，推动绩效目标与预算管理同步布置、同步申报、同步审核、同步批复、同步公开，实现预算绩效管理进一步提质增效。

一是不断扩大绩效目标管理范围，将所有申请进入省级财政资金项目库的事业发展性支出项目、部门运转类支出中500万元及以上的支出项目、省级财政专项资金使用总体计划、转移支付资金项目、部门整体支出均纳入省级预算绩效目标申报审核范围，由省财政部门在预算编制前进行统一布置，绩效目标管理基本实现对一般公共预算各类型支出的全面覆盖。

二是利用绩效指标库科学准确填报绩效目标，各业务主管部门可根据申报项目的特点和属性，从广东省财政预算绩效管理指标库中选取适用的共性指标和个性指标，以及指标出处（依据）、指标标准值、历史指标值、数据来源等信息项，科学填报绩效目标，确保绩效目标的量化可测，使绩效指标逐步从定性向定量转变，实现指标数据的可衡量、可分析、可比较。

三是创新绩效目标审核模式，在业务主管部门申报和自审的基础上，广东省通过规范程序选择三家第三方专业机构对部门绩效目标填报进行辅导和初审。在此基础上，由财政部门对初审项目进行复审，重点审核资金量大、安排周期长、影响面广的重点项目，审核的质量和效率得到显著提升。

四是细化绩效目标审核标准，针对列入目标申报范围的一、二级项目和部门整体支出，分类制定《广东省省级部门预算绩效目标审核指标表》，围绕“合规性、完整性、相关性、可行性、合理性”，建立包括5个一级指标、12个二级指标的审核指标体系，明确具体的审核标准，由受托的第三方机构和财政部门对照审核指标

进行评分，并出具审核意见。

五是强化绩效目标结果应用，绩效目标设置是项目入库的资格条件，未申报绩效目标的项目不得进入项目库；绩效目标审核结果是预算安排的重要依据，未通过审核的项目原则上不列入预算安排；绩效目标管理情况随同预算项目一并提交省人大参阅，并与预算同步批复、同步下达、同步公开。

（二）绩效指标库不断完善

绩效评价指标库建设是广东省预算绩效管理改革推进的一大亮点。开展预算绩效管理要求预算部门共同参与，指标库建设必须调动预算部门的积极性，与财政部门共同建设、共享使用。

对于广东省绩效指标库建设来说，其特色之一就是共建共享。广东省通过“共性指标主要由财政部门制定、各项指标主要由预算部门制定”“编制绩效目标必须从绩效指标库选取指标，实行先入库、后使用”“一级（行业）分类由财政部门控制、二级（用途）分类由预算部门控制”等办法的实施，确保预算部门深度参与到绩效指标库的建设之中。

其二是动态更新。传统指标库编制方法多由财政部门按年度编印纸质小册子，印发预算部门参阅使用。在当前各项改革工作节奏加快的情况下，一旦年度中出现形势变化或政府决策变化，纸质绩效指标难以及时体现和应对，在很大程度上会削弱指标库的实用性，影响预算部门使用的积极性。广东省以信息系统为载体构建指标库，在明确绩效指标库使用和维护规则的前提下，赋予预算部门更新绩效指标库的一定权限，使绩效指标库能够及时更新，反映绩效管理的最新标准和要求。

其三是数据导向。传统指标库编印方式注重收录绩效指标，缺乏指标值的记录，不利于对指标值变化趋势的判断。为此，在设计绩效指标库时，广东省在指标库数据结构上预留了记录指标数据的空间，包括指标的目标值、当前值和历史值三个方面。通过几年的使用，该指标库已形成一定规模指标数据的沉淀，为大数据分析及应用奠定基础。

其四是自我增长。以信息技术为支撑的指标库，一方面随着使用部门的增多，数据规模不断增大，指标库变得越来越有价值；另一方面，完善的信息系统使指标库在不增加管理人员的情况下自然增长，有效抑制了日常管理资源的消耗。

二、整体、规范、协同、透明的广州市预算绩效管理改革

自 2013 年以来，广州市在贯彻落实中央、广东省关于全面实施预算绩效管理的基础上，着力构建“全方位、全过程、全覆盖、全公开”的预算绩效管理机制，工作呈现整体、规范、协同、透明的特点。

（一）以部门整体为抓手，构建全方位预算绩效管理格局

在 2018 年广州市财政局局长牵头开展的“部门整体预算绩效管理研究”课题调研报告中指出：“部门整体预算绩效管理是连接政府预算绩效管理和项目预算绩效管理的关键枢纽，抓好这个‘牛鼻子’，可以理顺政府、部门、项目的绩效管理层次，有利于形成全方位预算绩效管理格局。”广州市于 2016 年启动了部门整体预算绩效管理试点工作，推动预算绩效管理由项目拓展至部门整体，建立“部门职责—工作任务—支出项目”的部门整体绩效目标体系，按照“1+1+X”模式开展部门整体绩效监控和绩效评价，至 2019 年将上述做法推广至全市所有预算部门，在全国率先构建起部门整体全过程预算绩效管理机制。上述做法也得到了财政部网站、《中国财经报》、《财政科学》杂志等权威媒体和专业报刊的深度介绍。

（二）以规范制度为重点，完善全过程预算绩效管理链条

2014 年，广州市财政局经市政府同意印发《广州市预算绩效管理办法》，此后进一步制定《广州市预算项目绩效目标管理办法》等 5 个配套办法，从而形成了以《广州市预算绩效管理办法》为核心，涵盖目标管理、运行监控、绩效评价、结果应用及内部规

程等内容的“1+5”预算绩效管理制度体系，为规范全过程预算绩效管理提供制度保障。2019 年，广州市按照中央、广东省的政策精神，研究制定了《广州市关于全面实施预算绩效管理的意见》，提出构建“全方位、全过程、全覆盖、全公开”的预算绩效管理模式，为今后深化预算绩效管理改革明确方向。

（三）以区域协同为着力点，推动预算绩效管理全覆盖

2019 年，广州市对各区全面实施预算绩效管理工作进行部署，加快构建市、区、镇三级联动机制，统一工作步调：首先是督促各区以中央、省、市的政策精神统一思想，主动对标政策要求，结合自身实际情况，制定本区全面实施预算绩效管理的时间表、路线图、任务单。其次是要求各区抓关键、补短板，在部门整体预算绩效管理、绩效信息公开等方面向市局看齐，在预算绩效管理制度、管理方式等方面形成完整规范的机制。通过市、区、镇预算绩效管理同步，推动全市预算绩效管理实现资金、部门、区域全覆盖。

（四）以公开透明为手段，促进预算绩效管理提质增效

2009 年，广州市在全国首开部门预算公开之先河。现在，在全面推进预算绩效信息公开上，广州市同样具有魄力，通过全公开主动接受社会监督，实现以公开促绩效、以公开促管理的目的。首先是公开绩效目标。2019 年，广州市在政府预算层面公开一般公共预算、政府性基金预算、国有资本经营预算、社会保险基金预算和财政专户管理资金预算等“五本预算”的绩效目标；在部门预算层面公开所有预算部门的部门整体和支出项目绩效目标，实现了绩效目标公开全覆盖。其次是公开评价结果。近年来，广州市每年在市政府网站和市财政局网站同时公开市财政局组织的各项绩效评价结果，实现了绩效评价结果公开的常态化。最后是接受人大监督。广州市政府每年向市人大常委会报告年度财政支出绩效情况，经市人大常委会审议后，将审议意见反馈给各预算部门，各预算部门据此整改，并将整改情况报告同级人大常委会，形成反馈、整改、提升水平的绩效管理良性循环。

专栏 2-2 广州市预算绩效管理的“全方位、全过程、全覆盖、全公开”

2004年广州市就启动了绩效管理工作，从原来的“花钱问效”的传统微观管理理念，向着财政管理为基础的中观绩效管理理念推进，现在提升到政府治理的宏观绩效管理理念的推进阶段。

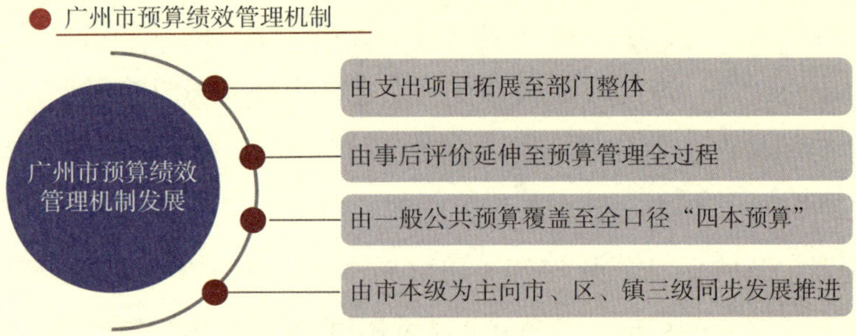

图1　广州市预算绩效管理机制

广州市预算绩效管理已经从支出项目拓展到部门整体，由事后评价延伸到预算管理全过程，由一般公共预算覆盖到全口径“四本预算”，由市本级为主向市、区、镇三级同步发展推进，逐步形成广州绩效管理的模式。主要是以下几种做法。

一是抓住部门整体这个关键节点，构建全方位绩效管理的格局。部门整体绩效是联结政府预算和项目预算的关键节点，从2016年广州市就启动了部门整体预算绩效管理，以部门履职尽责为部门整体绩效管理的出发点，围绕部门落实中央、省、市的核心任务，建立“部门职责—工作任务—支出项目”的部门整体绩效目标体系，实现政府预算、部门预算、项目预算绩效目标体系建设的全方位管理格局。

二是构建制度体系支撑点，完善全过程的预算绩效管理链条。制度体系是预算绩效管理的行动指南，经过多年的实践，广州市预算绩效管理的制度建设和工作机制不断地规范，形成了以《广州市预算绩效管理办法》为主体的，涵盖目标管理、运

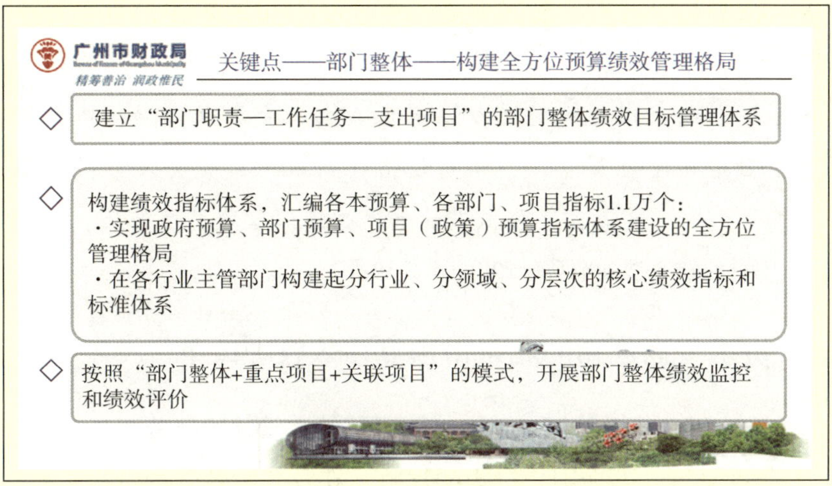

图 2　广州市全方位预算绩效管理格局

行跟踪、绩效评价、结果应用四个环节和内部管理在内的“1+5”制度体系，为绩效管理与预算编制、预算执行、预算监督的高度融合提供了制度支撑。

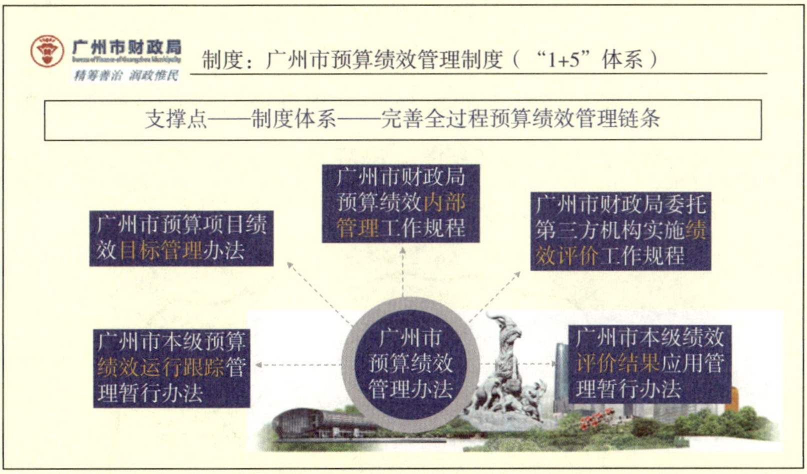

图 3　广州市预算绩效管理制度

三是找好区域协同这一着力点，推动预算绩效管理全覆盖。近年来，广州市着力加快构建市、区、镇三级联动机制，加强对区、镇预算绩效管理的指导和考核。

四是瞄准信息公开这一切入点，促进预算绩效管理提质增效。主要的做法是：绩效目标公开全覆盖、绩效评价结果公开常态化，且主动接受人大监督。2018年，广州市在全国首创，将年度财政支出绩效情况专题报市人大常委会审议，各预算部门根据审议意见整改，并将整改情况向人大常委会报告，各部门预算形成了反馈、整改、提升水平的绩效管理良性循环。

资料来源：广州市财政局，2019 年 9 月 19 日。

三、讲求全面创新的北京市预算绩效管理改革

（一）健全绩效管理制度，增强预算绩效管理的权威性

制度是行动的准则、行为的规范。在预算绩效管理过程中，标准一致、内容统一的制度规范是首要基础。为此，自 2011 年以来，北京市先后印发《关于推进本市预算绩效管理的意见》《北京市预算绩效管理办法》《北京市预算绩效管理问责办法》《北京市市级财政支出绩效评价结果应用暂行办法》等绩效管理文件 10 余项，出台《北京市预算审查监督条例》政策法规，拟定《北京市贯彻落实〈中共中央 国务院关于全面实施预算绩效管理的意见〉的实施意见》。系列文件制度的出台，对北京市构建预算绩效管理框架，增强预算绩效管理的权威性，提高预算绩效管理工作的可操作性，具有重要的指导意义。

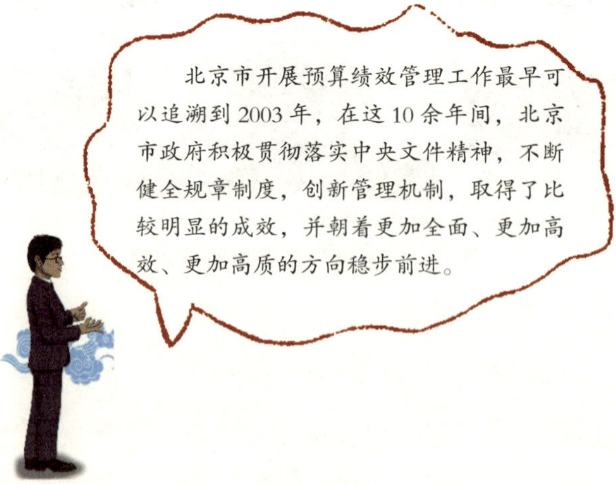

（二）构建部门联动机制，促进预算绩效管理全方位推进

财政是国家治理的基础与重要支柱，预算绩效管理的全面推进，绝不仅仅是财政部门一家的事，更需要党委、政府、人大、政协以及各个部门的指导与配合。为此，北京市逐步构建起党委、政府联动，人大、政协联动，市、区两级联动，部门、单位联动的全方位预算绩效管理体系。

党委、政府联动，着力提升预算绩效管理层级。2011 年，北京市政府出台《关于推进本市预算绩效管理的意见》，明确提出，要按照加强政府绩效管理的要求，建立以目标为导向，以绩效评价为手段，以制度建设为保障，以改善管理、优化资源配置和提高公共服务水平为目标的预算绩效管理体系。在市领导的批示下，北京市针对绩效成本开展了成本预算研究，市财政局也成立局级专班，加强与专业科研机构合作，带动市教育委员会、市民政局成功完成《幼儿园运行绩效成本预算报告》和《养老机构运营绩效成本预算报告》，明确了学前教育和养老机构补贴的成本要素和支出标准，实现了国内绩效成本预算改革的“破题”。

人大、政协联动，促进阳光财政建设。自 2010 年在全国率先开展“事前绩效评估”试点工作以来，北京市积极探索预算民主参与机制，主动邀请人大代表、政协委员和绩效管理专家作为“纳税人代表”，从预算管理、民主监督和行业规定等方面对项目进行评估。人大代表、政协委员和绩效管理专家的广泛参与，在规范政府理财行为、强化政府受托责任、改善预算资金使用效率、提高政府行政透明度、实现政府理财活动科学化民主化等方面发挥了重要作用。

市、区两级联动，促进预算绩效管理协调发展。在市对区转移支付项目绩效评价工作中，北京市积极探索市、区两级共同参与的工作机制，以市、区财政事权和支出责任划分为基础，重点关注区域间财力协调和均衡发展，促进转移支付项目绩效评价水平有效提升。同时，积极构建市、区绩效资源共享平台，实现专家库信息和资料的市、区共享，促进全市预算绩效管理水平均衡提升。

部门、单位联动，强化部门主体责任意识。通过人大参与、信息公开、督促整改、行政问责、宣传培训等各项措施，北京市积极推动部门对预算绩效管理工作的重视和支持，预算部门的支出责任意识和绩效意识不断增强。

（三）构建覆盖预算全过程、全周期的管理体系

在建立绩效评估机制、强化绩效目标管理、做好绩效运行监控、开展绩效评价和加强结果应用等方面，北京市逐步构建起覆盖预算编制、执行、监督全过程的绩效管理闭环系统。

推动重心前移，大力开展事前评估管理。2010 年，北京市在全国率先推出事前绩效评估模式，将重大政策及民生项目纳入事前绩效评估范围，严把入门关，防止“拍脑袋决策”，从源头上提高预算编制的科学性和精准性，助推“责任政府”“阳光政府”“服务型政府”建设。2018 年，北京市继续加大事前绩效评估力度，对所有新增政策和新增事业发展类项目全部开展事前评估，评估结果作为项目（政策）入库和预算安排的必备要件。同时，不断创新事前绩效评估方式方法，建立财政支出政策（项目）随时申报、随时评估、随时入库工作机制。财政部门通过事前绩效评估，充分论证项目实施的可行性和必要性，合理评判财政资金投入的预期效果，有效摒除无预期绩效的资金和项目，实现绩效管理关口前移。8 年来，北京市先后对 346 项政策（项目）、710 亿元资金开展事前绩效评估，评估不予支持政策（项目）34 项、不予支持资金 62 亿元，人大代表、政协委员和行业专家参与事前绩效评估 2200 多人次，基本形成“格局全方位、部门全覆盖、内容全过程、制度有创新”的事前绩效评估发展势态。

（四）探索绩效成本预算管理

北京市还积极探索绩效成本预算管理，在学前教育、养老机构运营补贴、水电气热补贴、公交地铁补贴、商业流通、平原造林等领域，有序推进绩效成本预算改革试点，确定了以“部门职责—保障范围—行业标准—投入成本—工作数量—施政结果—绩效考核”

为闭环的成本分析绩效预算工作思路，建立了以“质量、成本、效益”为核心内容的指标体系，着力推动“预算安排核成本、资金使用依规范、综合考评讲绩效”新型绩效成本预算体系构建。

目前，北京市已完成学前教育和养老机构运营补贴两个试点的绩效成本预算报告，在核算成本、分析效益、精准预算、创新方式和转换观念等方面取得了突破性进展，为推动全面规范、标准科学、约束有力的预算绩效管理体系构建提供了有力支撑。学前教育、养老机构运营补贴、水电气热补贴、公交地铁补贴等方面的成本分析结果已应用于2019年的预算编制。

四、以结果为导向的上海市闵行区预算绩效管理改革

传统的预算管理仅关注资金分配，忽视目标和过程管理，存在难以将各种要素围绕着目标协调统一，成为预算管理的重大缺陷。从2008年开始，上海市闵行区全面推行“以结果为导向”的预算绩效管理。其实质内涵是包括了计划、过程和结果且三者互相对应的管理模式。“以结果为导向”的预算管理模式不仅关注过程、状态和能力，更关注结果和效益，并将结果的要求作为评判过程的标准和依据。着力打造“以人为本”的公共财政，更好地发挥财政资源配置作用，促进部门职能转变，提升公共服务水平和质量，为地区经济社会发展提供坚实的财力保障。

（一）系统设计、协同推进预算绩效管理改革

一是作为地方决策主体，区委高度重视。2008年以来，闵行区委全委会共表决通过了16项重点财政改革事项，其中围绕绩效预算改革的事项有：以结果为导向的部门预算改革、街镇部门预算编制

改革、预算信息公开、预算审查监督制度等。二是作为地方权力机关和监督主体，区人大高度重视。闵行区人大制定实施预算绩效管理监督办法，遴选预算项目进行绩效听证和绩效跟踪，审议绩效管理事项。三是作为行政实施主体，区政府高度重视。闵行区财政部门牵头组织推进，审计监察、行政效能考核办公室、发展改革委、政策研究室等相关部门协同，各行业主管部门具体实施，形成合力，共同推进闵行绩效改革不断前行。四是将绩效管理工作纳入行政效能考核内容，助推闵行预算绩效改革提质增效。把绩效实现度与部门行政效能考核的内容相挂钩，并作为部门履职实效的重要依据。

（二）流程再造，构建预算绩效管理闭环

将传统的“供给型财政流程”转变成“绩效目标”“绩效预算”“绩效评价”三位一体的绩效管理流程，概括为“三个层面”和“三个维度”的有机整合。“三个层面”是指围绕项目绩效目标展开的项目层、预算层和评价层，三个层面环环相扣、层次分明。第一层是围绕目标的项目层，包括项目立项、实施、验收三个环节；第二层是保障项目落实的资金预算层，包括预算编制、执行和监督三个环节，构成一个预算闭合过程；第三层是绩效评价层，围绕绩效目标分别对项目预算安排、项目执行情况和项目完成情况进行评价。“三个维度”是指在三个环节上的绩效管理流程，每个维度上的流程再造都是以绩效目标为原点，以绩效评价为工具，对项目绩效管理流程的改造。

（三）完善预算绩效管理的长效机制和制度体系

首先，促进预算绩效管理工作的制度化。工作机制方面，出台绩效管理办法、每年下发工作要点、制定评价工作指南；管理机制方面，建立健全评审专家管理机制、实施第三方评价机构考核管理、完善信息化系统管理建设。其次，推进预算绩效管理机制的常态化。时间节点方面，切合年度预算管理的环节，在每年 3 月左右开展上年度支出结果评价、8 月开展本年度实施过程跟踪评价、10 月开展下年度立项评价；工作同步方面，实现与预算的同步、与市

级财政管理要求的同步、与政府年度工作重点要点的同步。最后，完善预算绩效管理方式的程序化。评价类型，分为自评价、重点评价、政府报告和人大审议听证；评价结果应用，形成评价报告、整改落实反馈、信息及时公开、实行行政效能考核。

（四）推进预算与绩效的相互融合

将预算绩效管理评价融入预算编制、执行和监督三个环节，实现三个同步。

首先，实现与部门预算编制同步的绩效目标申报和事前立项评审：从项目名称、构成、内容（明细）三层架构细化预算编制，提出项目战略目标、量化绩效目标，确立产出和效果类评价指标。以2018年为例，一是绩效目标申报项目数近900个，预算金额近百亿元，覆盖区内65家预算主管部门，实现部门公共预算绩效目标申报全覆盖。二是预算单位自主选择体现单位主要履职情况的专项项目支出纳入事前评价范围，评价项目160个，评价资金总量30多亿元，节约资金7.5亿元，评价覆盖率为33.73%。三是财政重点项目评价18个，涉及16个部门，评价资金近3亿元。

其次，实现与部门预算执行和监督同步的目标运行监控的事中评估：对照项目绩效目标，考查执行情况，纠偏并完善计划与目标。以2017年跟踪评价为例，在预算单位自主跟踪评价的基础上，财政部门重点选取民生和公共服务领域内的项目实施绩效跟踪管理59个，涉及区绿化和市容管理局等31个部门，评价资金总量约17亿元，通过绩效跟踪评价共调减区级预算资金3000多万元。

最后，实现评价结果应用与行政效能考核同步的事后评价，建立健全评价结果反馈与整改制度。以2016年事后评价为例，评价分为预算单位自评、财政重点评价、政府报告及人大审议四个层面，涉及五种类型，分别是政府购买服务评价、项目支出类重点评价、部门整体支出评价、政策绩效评价和基金绩效评价，涵盖区房管局等51个预算主管部门，评价项目总数127个，评价资金总量14.29亿元，总体评价结论为“良好”。评价及整改结果向区政府常务会议报告，并提交区人大常委会审议，部分项目依据评价结果收回无效资金或削减预算，比如：促进社会组织发展项目，评价指出年度孵化工作完成率 46.67%、出壳率仅 14.29%，因此在编制 2018 年部门预算时，预算由 304.83 万元削减至 259.39 万元，削减项目预算金额为 45.44 万元。比如：康乐福为老服务平台项目，2018 年上报预算金额为 559.06 万元，其中区级预算为 287.23 万元，镇级预算为 271.83 万元，项目内容套餐一自备话机和套餐二关爱话机，通过评价取消套餐一自备话机的全部预算，最终该项目年初预算金额为 274.04 万元，其中区级预算为 161.16 万元。

（五）推进预算绩效管理的信息公开度

公开透明、公众参与是手段。公开透明和社会公众参与既是预算绩效管理的重要组成部分，又是推进预算绩效改革的重要手段。按照政府信息公开相关要求，全过程的绩效评价结果，尤其是财政重点评价的报告全文，在区政府网站、部门网站及财政网站上进行公开；对于一些政府重点、社会热点的实事项目，通过电台、报纸等相关媒体的报道予以公开，接受公众的监督。

五、以政策论证和评价为核心的无锡市预算绩效管理改革

无锡市是江苏省地级市，也是我国东部经济较为发达的地区，实施预算绩效管理多年，已逐步建立起事前绩效论证、事中跟踪监控、事后绩效评价及结果反馈应用的全过程预算绩效管理体系。

无锡市预算绩效管理的一大特色是探索预算绩效管理向政策论证和政策评价双向延伸。2017 年，无锡市财政局组织专家对《无锡市建筑节能专项引导资金管理办法》《无锡市医学重点专科专项资金管理暂行办法》《无锡市医疗卫计科技教育资金管理办法（试行）》和《无锡市医疗卫计人才引育资金管理办法》等4个文件开展了政策绩效论证。专家组就政策制定的规范性，专项资金的支持对象、扶持重点，资金拨付条件的设置以及专项资金的绩效管理等方面提出了相关意见和建议，均得到了政策制定部门的高度重视和采纳。

此外，无锡市财政局还将全口径“四本预算”纳入绩效管理范围，建立专项资金预算项目库，坚持“先预事后预算、先分类后论证、先论证后入库”，即在年度预算安排前，对部门申报的预算项目实施绩效论证，着力从源头上提高预算编制的科学性和精准度，力争最大限度优化财政资源配置。

（一）做好项目可行性研究等前期准备工作

各预算部门（单位）要做好项目可行性研究等前期准备工作，结合绩效评价、审计监督结果，提前谋划事权、申报项目。预算单位申报项目时，先在预算编审系统中对照专项资金清单，编报项目名称、支出总规模、年度支出需求、预期绩效目标、项目立项依据、支出测算标准等内容，再提交至项目申报库。

（二）实行项目分类管理

按照专项资金性质、金额大小、执行期限等因素，将专项资金划分为ABC三种类型，在预算部门（单位）细化编制实现绩效目标的资金需求、保障措施的基础上，分别由财政绩效处和业务处室组织重点论证、简化论证和内部论证。论证内容为专项资金目标、措施、资金三者的必要性、可行性和合理性。对重点论证的项目，由专家组针对预算部门（单位）编制的预算申报材料出具评审意见，预算部门（单位）根据专家评审意见修改绩效目标、测算过程、资金规模等，经审核通过后申报项目方可进入项目储备库。

（三）做好项目库管理

根据项目立项和管理要求，年度预算项目经绩效论证通过后才能进入项目备选库，经人民代表大会批准后形成可下达执行的年度预算。对没有进入项目备选库的项目，一般不得安排预算。对专项资金实施预算绩效论证，为年度预算安排提供主要依据。

（四）市、区联动绩效评价

为提高区级预算绩效管理理念，加快培养预算绩效管理队伍，无锡市还试点开展市、区联动绩效评价项目，通过联合教育部门开展教育专项资金（师资培训及教科研项目）市、区联动绩效评价，在有效推进和提升区级财政绩效评价工作质量的同时，对进一步完善市、区教育专项资金（师资培训及教科研项目）管理、提升财政资金使用绩效起到了积极的促进作用。

综上所述，自 2003 年预算绩效管理启动改革以来，我国各级各地都能以较快的速度对中央文件作出响应，尤以广东省、北京市等经济发达地区表现最为积极。从全国来看，东部沿海地区的改革力度普遍大于中西部地区，改革进程也普遍快于中西部地区。从地方政府层级来看，省级政府对中央文件的响应非常积极，预算绩效管理工作在地方的推进思路也基本与中央改革路线相同。在全过程绩效管理链条上，很多省份都针对绩效目标管理、绩效目标执行监控、支出绩效评价以及绩效评价结果应用出台了管理办法，不断践行中央建成“全方位、全过程、全覆盖”预算绩效管理体系的要求；在建立绩效评价体系方面，一些省份也颁布了关于聘请第三方机构或专家开展绩效评价服务的办法。但到了区县一级，因为行政层级下降，政府在财政能力、信息资源、专家储备等方面都存在一定的实际困难，使其推进的速度及力度都有所下降。

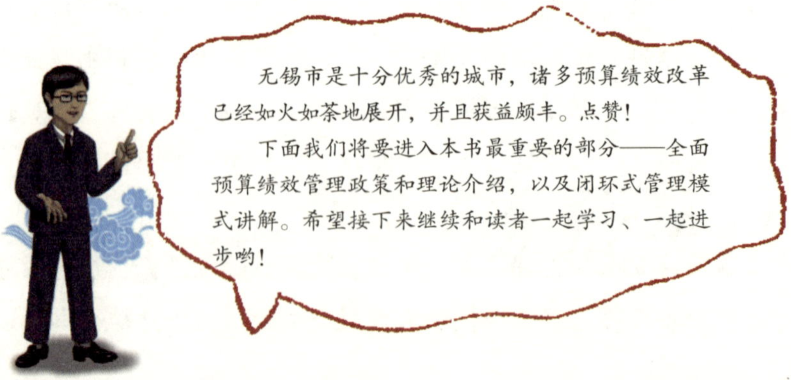

第三章

全面实施预算绩效管理

2018年9月,《中共中央 国务院关于全面实施预算绩效管理的意见》明确全面实施预算绩效管理是推进国家治理体系和治理能力现代化的内在要求，是深化财税体制改革、建立现代财政制度的重要内容，是优化财政资源配置、提升公共服务质量的关键举措。《中共中央 国务院关于全面实施预算绩效管理的意见》印发，标志着全面实施预算绩效管理的顶层设计已经形成，我们进入了预算绩效管理的新时代。新时代要有新目标、新要求、新制度和新举措，我们要把思想认识和行动统一到党中央、国务院决策部署上来，增强“四个意识”，坚定“四个自信”，提高政治站位，把全面实施预算绩效管理各项措施落到实处。

第一节 全面实施预算绩效管理的内涵

我国全面深化改革的总目标是完善和发展中国特色社会主义制度，推进国家治理体系和治理能力现代化。预算绩效管理在实现国家治理体系现代化中发挥着什么样的功能和作用呢？

一、全面实施预算绩效管理的引入

（一）全面实施预算绩效管理的内涵

全面实施预算绩效管理是一个由绩效目标管理、绩效运行跟踪监控管理、绩效评价实施管理、绩效评价结果反馈和应用管理共同组成的综合系统。全面实施预算绩效管理，将绩效理念融入预算管理全过程，使之与预算决策、预算编制、预算执行、预算监督一起成为预算管理的有机组成部分，逐步建立“预算编制有目标、预算执行有监控、预算完成有评价、评价结果有反馈、反馈结果有应用”的预算绩效管理机制。为此，按照党中央、国务院提出的加强政府绩效和预算绩效管理的总体要求，强化预算支出责任和效率，统筹规划、分级管理、因地制宜、重点突破，逐步建立以绩效目标

实现为导向，以绩效评价为手段，以结果应用为保障，以改进预算管理、优化资源配置、控制节约成本、提高公共产品质量和公共服务水平为目的，覆盖所有财政性资金，贯穿预算编制、执行、监督全过程的预算绩效管理体系。

图 3-1 全面实施预算绩效管理的“三大支柱”

资料来源：财政部预算司。

> 延伸阅读：
> 北京市出台《中共北京市委 北京市人民政府关于全面实施预算绩效管理的实施意见》，2019年7月9日。

> 延伸阅读：
> 上海市出台《关于我市全面实施预算绩效管理的实施意见》，2019年8月12日。

（二）全面实施预算绩效管理的特征

全面实施预算绩效管理的核心特征从三个维度体现，即全方位预算绩效管理格局、全过程预算绩效管理链条、全覆盖预算绩效管理体系。

1. 全方位预算绩效管理格局

全方位预算绩效管理即预算绩效管理实施对象从项目为主向政策、部门整体支出拓展，从转移支付为主向政府财政运行拓展，形成政府预算、部门预算、政策和项目预算等全方位预算绩效管理格局（见图 3–2）。从绩效管理对象来看，“实现预算和绩效管理一体化”必须将项目预算绩效、部门预算绩效、政府预算绩效和财政政策绩效等全部纳入预算绩效管理对象。预算绩效管理对象的拓展及职能延伸，即从项目支出绩效评价向部门整体支出绩效评价、支出政策绩效评价以及政府绩效评价拓展，强化了预算绩效管理的整体性、宏观性和前瞻性。

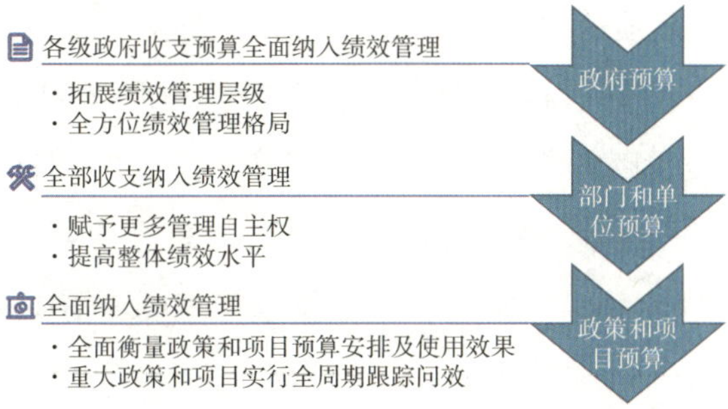

图 3-2　全方位预算绩效管理格局

资料来源：财政部预算司。

2. 全过程预算绩效管理链条

全过程预算绩效管理工作，包括建立事前绩效评估机制、强化绩效目标管理、做好绩效运行监控、全面开展绩效评价、绩效评价结果反馈和应用管理等方面（见图 3–3）。从预算资金运动环节来看，预算绩效全过程管理要求绩效目标管理、绩效跟踪、绩效评价、结果应用之间应当建立起有机联系，构建“预算编制有目标、预算执行有监控、预算完成有评价、评价结果有应用”的全过程预算绩效管理机制。从项目生命周期视角来看，应做好前期、中期和后期评价等全周期的预算绩效管理。2014 年《预算法》已明确预算活动从预算编制、审查和批准、执行和监督、决算的全过程都应当讲求“绩效”，成为全过程预算绩效管理的法理基础。

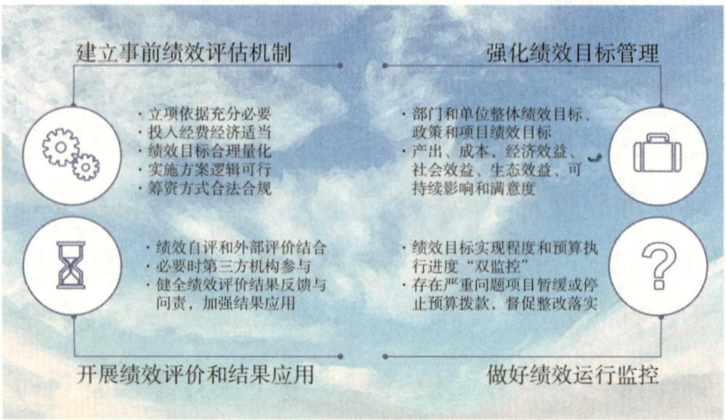

图 3-3 全过程预算绩效管理链条

资料来源：财政部预算司。

3. 全覆盖预算绩效管理体系

全覆盖预算绩效管理要求将一般公共预算、政府性基金预算、国有资本经营预算、社会保险基金预算全部纳入绩效管理范围，并积极开展涉及财政资金的政府投资基金、政府和社会资本合作（PPP）项目、政府采购、政府购买服务、政府债务项目绩效管理等（见图 3-4）。从纵向来看，全面绩效管理要覆盖中央、省、市、县、乡五级政府，从横向上要覆盖所有同级政府部门及其下属单位，形成纵横交错的预算绩效大网，网罗涉及政府战略部署、政策规划、资金拨付流程、事权和支出责任等的海量信息，逐渐消除信息不对称衍生的道德风险和逆向选择问题，政府的行政效能和履职能力将因此大为提高。

图 3-4 全覆盖预算绩效管理体系

资料来源：财政部预算司。

二、全面实施预算绩效管理的意义

全面实施预算绩效管理，就是要求必须紧紧围绕提高财政资源配置效率，将绩效理念和管理方法深度融入预算决策、预算编制、执行和监督全过程，注重成本效益分析，关注支出结果和政策目标实现程度。全面实施预算绩效管理，不仅要实现财政运行可持续，不断提升公共服务质量和水平，而且要确保全体人民在共建共享发展中的获得感稳定可持续，提高人民满意度。

（一）全面实施预算绩效管理是落实以人民为中心的发展思想的必然要求

中国特色社会主义进入了新时代，为适应我国社会主要矛盾变化，必须坚持以人民为中心，不断促进人的全面发展、全体人民共同富裕，不断满足人民日益增长的美好生活需要。财政收入取之于民、用之于民。落实以人民为中心的发展思想，要求财政部门始终把实现好、维护好、发展好最广大人民的根本利益作为工作的出发点和落脚点，坚持尽力而为、量力而行，在预算管理各环节树立绩效意识、体现绩效要求，提高财政政策的精准性、有效性，更加科学合理配置财政资源，把取之于民的财政资金分配好、使用好、管理好，推动提高公共服务质量和水平，实现更高质量、更有效率、更加公平、更可持续的发展。

（二）全面实施预算绩效管理是推进国家治理体系和治理能力现代化的有力举措

预算绩效管理突出责任和效率、关注产出和结果，是现代科学理论在政府管理上的具体运用。新公共管理理论提出，要打造服务型政府、责任政府和效率政府，更加关注公共部门直接提供服务的效率，通过标杆管理法等对不同部门的绩效进行评价。现代政府管理理论认为，公共管理与企业管理之间不存在本质区别，企业管理中要求的绩效管理、质量管理、目标管理、成本管理、结果控制等，公共管理都同样适用。财政预算体现国家经济社会发展的大政方针和任务部署，反映政府活动的范围和方向。全面实施预算绩效管理，对绩效目标实现程度开展评价，推进绩效信息公开，有利于为政府履行职能提供坚实的物质基础和体制保障，督促各级政府部门认真履职尽责，提高行政效率，全面提升政府效能，增强政府公信力和执行力，加快实现国家治理体系和治理能力现代化。

（三）全面实施预算绩效管理是实现高质量发展的应有之义

党的十八大以来，我国经济运行保持在合理区间，发展质量和效益不断提升，国家财政实力迈上新台阶。2017 年全国一般公共预算支出已经超过 20 万亿元，加上政府性基金预算、国有资本经营预算，财政支出规模更加可观。提高预算绩效水平，管好用好财政资金，把钱用到“刀刃”上、花出效益来，这是各级财政部门和所有预算单位的基本职责所在。随着国家“钱袋子”越来越沉，财政部门的责任也越来越大。按照公共产品理论，政府及其财政活动，如同个人产品的购买和消费一样，必须确保和体现消费者个人效用最大化的根本要求，实现对政府提供公共产品成本的约束和管理，符合投入产出的绩效观。在政府预算管理中，也必须强调财政支出的有效性，在关注有多大蛋糕可分配、分配到什么项目的同时，要更加关注公共政策的成本和效果，不断提高现代财政治理水平，通过有效配置财政资源，推动经济实现高质量发展。

专栏 3-1 全面预算绩效管理与国家行政体制改革

全面预算绩效管理，不仅是财政的，而且是行政的、法律的和治理的。它是改革开放40多年来行政改革再出发的标志，也是经济全球化条件下实现我国政府治理能力和治理体系现代化的标志。

行政改革贯穿我国改革开放的全过程，具有全面制度改革意义的有两次，第一次是建立基于市场的行政管理新体制的改革，第二次是以绩效管理为中心环节的行政体制运行过程改革。

绩效型预算能够推动全面行政改革的原因在于资金支出与行政过程的结合。由于财政对行政的资金资源约束力，资金支出与行政过程的结合使财政成为公共行政的中心环节，行政组织的格局和各个行政环节的相互关系也必须随之进行重新布局和再构造。财政对决策、执行和监督过程的参与，可以普遍地适用于大多数行政领域。这样一来，绩效型预算管理培育和再造出经济效率型政府，成为一个国家参与全球经济竞争取得优势的一个重要制度领域。

资料来源：于安："全面预算绩效管理是国家行政管理的重大制度性改革"，载于《中国财政》，2019 年第 10 期。

三、全面实施预算绩效管理的指导思想

以习近平新时代中国特色社会主义思想为指导，全面贯彻党的十九大和十九届二中、三中全会精神，坚持和加强党的全面领导，坚持稳中求进工作总基调，坚持新发展理念，紧扣我国社会主要矛盾变化，按照高质量发展的要求，紧紧围绕统筹推进"五位一体"总体布局和协调推进"四个全面"战略布局，坚持以供给侧结构性改革为主线，创新预算管理方式，更加注重结果导向、强调成本效益、硬化责任约束，力争用 3 ~ 5 年时间基本建成"全方位、全过程、全覆盖"的预算绩效管理体系，实现预算和绩效管理一体化，着力提高财政资源配置效率和使用效益，改变预算资金分配的固化格局，提高预算管理水平和政策实施效果，为经济社会发展提供有力保障（见图 3-5）。

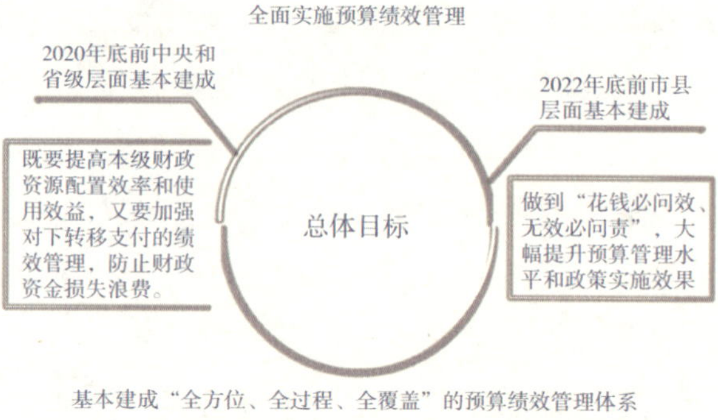

图 3-5　全面实施预算绩效管理路线图与时间表

资料来源：财政部预算司。

四、全面实施预算绩效管理的原则

（一）坚持总体设计、统筹兼顾

按照深化财税体制改革和建立现代财政制度的总体要求，统筹谋划全面实施预算绩效管理的路径和制度体系。既聚焦解决当前最紧迫问题，又着眼健全长效机制；既关注预算资金的直接产出和效果，又关注宏观政策目标的实现程度；既关注新出台政策、项目的科学性和精准度，又兼顾延续政策、项目的必要性和有效性。

（二）坚持全面推进、突出重点

预算绩效管理既要全面推进，将绩效理念和方法深度融入预算编制、执行、监督全过程，构建事前、事中、事后绩效管理闭环系统，又要突出重点，坚持问题导向，聚焦提升覆盖面广、社会关注度高、持续时间长的重大政策、项目的实施效果。

（三）坚持科学规范、公开透明

抓紧健全科学规范的管理制度，完善绩效目标、绩效监控、绩效评价、结果应用等管理流程，健全共性的绩效指标框架和分行业领域的绩效指标体系，推动预算绩效管理标准科学、程序规范、方法合理、结果可信。大力推进绩效信息公开透明，主动向同级人大报告、向社会公开，自觉接受人大和社会各界监督。

（四）坚持权责对等、约束有力

建立责任约束制度，明确各方预算绩效管理职责，清晰界定权责边界。健全激励约束机制，实现绩效评价结果与预算安排和政策调整挂钩。增强预算统筹能力，优化预算管理流程，调动地方和部门的积极性、主动性。

五、全面实施预算绩效管理的内容

（一）构建全方位绩效管理格局

预算绩效管理实施对象不断扩大，从项目绩效管理，向政策绩效评价、部门整体支出绩效管理拓展，从转移支付绩效管理，到对地方政府财政总体运行情况的绩效管理，形成政府预算、部门预算、政策和项目预算绩效的全方位管理格局。

1. 政府预算绩效管理

各级政府收入预算讲求质量，不得脱离实际制定增长目标，严禁虚收空转、收取过头税费和过度举债；支出预算统筹兼顾、勤俭节约、量力而行、讲求绩效、收支平衡，优先保障党中央、国务院决策部署和基本民生需求，不得设定过高民生标准和擅自扩大保障范围，确保财政可持续和资源配置高效。对下级政府转移支付预算体现国家战略目标和财政事权划分原则，促进地区间财力协调和区域均衡发展，推进基本公共服务均等化。

2. 部门和单位预算绩效管理

将部门和单位预算收支全面纳入绩效管理，赋予部门和资金使用单位更多的管理自主权，围绕部门和单位职责、行业发展规划，以预算资金管理为主线，统筹考虑资产和业务活动，从运行成本、管理效率、履职效能、社会效应、可持续发展能力和服务对象满意度等方面，衡量部门和单位整体及核心业务实施效果，推动提高部门和单位整体绩效水平。

3. 政策和项目预算绩效管理

从数量、质量、时效、成本、效益等方面，综合衡量政策和项目预算资金使用效果。对实施期超过一年的重大政策和项目实行全周期跟踪问效，建立动态评价调整机制，到期、绩效低下的政策和项目要及时清理退出。

（二）建立全过程预算绩效管理链条

1. 建立绩效评估机制

各级政府、各部门、各单位要结合预算评审、项目审批等，对新出台重大政策、项目开展事前绩效评估，重点论证立项必要性、投入经济性、绩效目标合理性、实施方案可行性、筹资合规性等，投资主管部门要加强基建投资绩效评估，评估结果作为申请预算的必备要件。各级财政部门要加强新增重大政策和项目预算审核，必要时可以组织第三方机构独立开展绩效评估，审核和评估结果作为预算安排的重要参考依据。

2. 强化绩效目标管理

各级政府、各部门、各单位编制预算时，全面设置政策、项目、专项转移支付及部门整体绩效目标，体现产出、结果、成本、效益等绩效信息，并合理匹配预算资金。财政部门将绩效目标设置作为预算安排的前置条件，进一步加强审核。绩效目标与预算同步批复、同步下达、同步公开。

3. 做好绩效运行监控

各级政府、各部门、各单位对绩效目标实现程度和预算执行进度实行“双监控”，发现问题及时纠正，确保绩效目标按期保质实现。财政部门建立重大政策、项目及转移支付绩效跟踪机制，对问题严重的暂缓或停止预算拨款；加强国库现金管理，降低资金运行成本。

4. 全面开展绩效评价

通过自评和外部评价相结合，对预算执行情况全面开展绩效评价。各级政府建立重大政策和项目预算绩效评价机制，逐步开展部门整体支出绩效评价，对下级政府财政运行情况实施综合绩效评价。各部门、各单位对预算执行情况以及政策、项目实施效果全面开展绩效自评，积极引入第三方机构开展绩效评价工作。

专栏 3-2 全过程预算绩效管理闭环机制

贯彻党中央、国务院提出的建设高效、责任、透明政府的总体要求，构建具有中国特色的预算绩效管理体制，牢固树立"讲绩效、重绩效、用绩效""花钱必问效、无效必问责"的绩效管理理念，进一步增强支出责任和效率意识。建立"预算编制有目标、预算执行有监控、预算完成有评价、评价结果有反馈、反馈结果有应用"的全过程预算绩效管理机制，实现预算绩效管理与预算编制、执行、监督有机结合。全面加强预算管理，优化资源配置，提高财政资金使用绩效和科学化精细化管理水平，提升政府执行力和公信力。

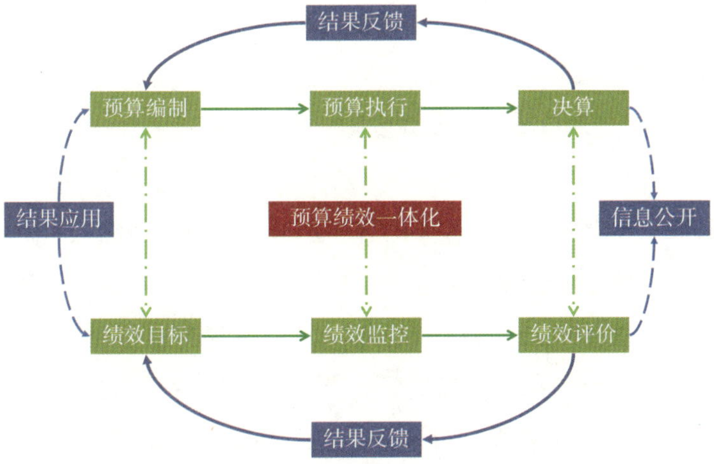

图 3-6　预算绩效管理一体化闭环机制

资料来源：财政部预算司。

（三）覆盖所有财政资金

将一般公共预算、政府性基金预算、国有资本经营预算、社会保险基金预算，全部纳入预算绩效管理范围。

1. 一般公共预算绩效管理

收入方面重点关注收入结构、征收效率和优惠政策实施效果；支出方面重点关注预算资金配置效率、使用效益，特别是重大政策和重点任务实施效果。

2. 政府性基金预算绩效管理

重点关注基金政策设立及延续的必要性、征收标准合理性、资金使用有效性、与一般公共预算的衔接情况，以及对政府专项债务举借和偿还的支付能力。

3. 国有资本经营预算绩效管理

重点关注贯彻国家战略目标情况、国有资本收益上缴和使用效果。

4. 社会保险基金预算绩效管理

重点关注各类社会保险基金精算平衡、运行风险，以及基金运营管理的有效性。

5. 其他资金

积极开展政府投资基金、主权财富基金、政府和社会资本合作（PPP）项目绩效管理。

（四）健全预算绩效管理制度

1. 完善预算绩效管理流程

围绕预算绩效管理的主要内容和环节，完善涵盖绩效目标管理、绩效运行监控、绩效评价管理、评价结果应用等各环节的管理流程，制定预算绩效管理制度和实施细则。建立专家咨询机制，引导和规范第三方机构参与预算绩效管理，严格执业质量监督管理。加快预算绩效管理信息化建设，打破“信息孤岛”和“数据烟囱”，促进各级政府和各部门、各单位的业务、财务、资产等信息互联互通。

2. 健全预算绩效标准体系

各级财政部门要建立健全定量和定性相结合的共性绩效指标框架。各行业主管部门要加快构建分行业、分领域、分层次的核心绩效指标和标准体系，实现科学合理、细化量化、可比可测、动态调整、共建共享。绩效指标和标准体系要与基本公共服务标准、部门预算项目支出标准等衔接匹配，突出结果导向，重点考核实绩。

3. 创新评估评价方法

立足多维视角和多元数据，依托大数据分析技术，运用成本效益分析法、比较法、因素分析法、最低成本法、公众评判法、标杆管理法等，提高绩效评估评价结果的客观性和准确性。

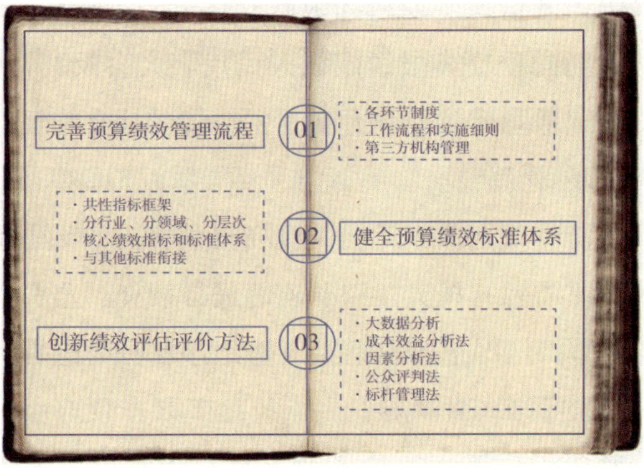

图 3-7　健全预算绩效管理制度体系

资料来源：财政部预算司。

（五）硬化预算绩效管理约束

1. 明确绩效管理责任约束

按照党中央、国务院统一部署，财政部要完善绩效管理的责任约束机制，地方各级政府和各部门、各单位是预算绩效管理的责任主体。地方各级党委和政府主要负责同志对本地区预算绩效负责，部门和单位主要负责同志对本部门、本单位预算绩效负责，项目责任人对项目预算绩效负责，对重大项目的责任人实行绩效终身责任追究制，切实做到“花钱必问效、无效必问责”。

2. 强化绩效管理激励约束

各级财政部门要抓紧建立绩效评价结果与预算安排和政策调整挂钩机制，将本级部门整体绩效与部门预算安排挂钩，将下级政府财政运行综合绩效与转移支付分配挂钩。对绩效好的政策和项目原则上优先保障，对绩效一般的政策和项目要督促改进，对交叉重复、碎片化的政策和项目予以调整，对低效无效资金一律削减或取消，对长期沉淀的资金一律收回并按照有关规定统筹用于亟须支持的领域。

3. 推进绩效信息公开

建立预算绩效信息报告制度，各部门、各单位将绩效目标、绩效评价结果等绩效信息定期向同级政府报告。推动建立绩效目标、绩效评价结果随同预决算报送同级人民代表大会及其常委会制度。不断加大绩效信息向社会公开力度，主动接受社会监督。

4. 加强绩效监督问责

审计机关对本级各部门和下级政府预算绩效情况进行审计监督，对绩效自评结果的真实性和准确性进行抽查。监察机关对预算绩效管理职责履行情况进行监察，对违纪违法行为追责问责。

5. 加强绩效管理工作考核

各级政府要将预算绩效结果纳入政府绩效和干部政绩考核体系，作为领导干部选拔任用、公务员考核的重要参考，充分调动各地区、各部门履职尽责和干事创业的积极性。各级财政部门负责对本级部门和预算单位、下级财政部门预算绩效管理工作情况进行考核。建立考核结果通报制度，对工作成效明显的地区和部门给予表彰，对工作推进不力的进行约谈并责令限期整改。

专栏 3-3 解读全面实施预算绩效管理新内容

（一）以问题为导向，围绕“全面”和“绩效”两个关键点。《中共中央 国务院关于全面实施预算绩效管理的意见》（以下简称“《意见》”）聚焦预算绩效管理中的突出问题，有针对性地做出了战略部署。建设目标是力争用3～5年时间基本建成全方位、全过程、全覆盖的预算绩效管理体系，实现预算和绩效管理一体化，着力提高财政资源配置效率和使用效益，改变预算资金分配的固化格局，提高预算管理水平和政策实施效果，为经济社会发展提供有力保障。基本原则是坚持总体设计、统筹兼顾；全面推进、突出重点；科学规范、公开透明；权责对等、约束有力。

（二）形成了全面实施预算绩效管理的“三三一”体系。《意见》从“全方位、全过程、全覆盖”三个维度推动绩效管理，形成了“三三一”体系。

第一个“三”是绩效管理价值取向方面。《意见》指出，全面实施预算绩效管理要“更加注重结果导向、强调成本效益、硬化责任约束”。

第二个“三”是实施体系构成方面。《意见》指出：“力争用3～5年时间基本建成全方位、全过程、全覆盖的预算绩效管理体系。”

一个“一”是目标形态方面“实现预算和绩效管理一体化”。实现预算和绩效管理一体化意味着预算管理和绩效管理的主体、对象、过程、权责和信息系统融为一体。

“三三一”体系的形成，意味着全面实施预算绩效管理成为财政在国家治理中发挥基础和重要支柱作用的重要抓手，是政府治理和预算管理的深刻变革，是现代国家治理的共同特征，是我国国家治理体系和治理能力现代化的内在要求。

（三）实施措施有重大创新。《意见》立足长远，站位高、举措实，在关注财政资金使用效益的同时，着眼健全长效机制，力求从整体上提高财政资源配置效率。

资料来源：白景明：“新意义、新目标、新制度、新要求：把全面实施预算绩效管理落到实处”，载于《中国财政》，2019 年第 10 期。

第二节 构建全方位预算绩效管理格局

构建政策和项目预算、部门和单位预算、政府预算共同推进的预算绩效管理新格局。将绩效管理实施对象从政策和项目预算为主

向部门和单位预算、政府预算拓展，逐步提高绩效管理层级，在更高层面上优化资源配置。

一、项目支出绩效管理

（一）什么是项目支出

按照支出的管理要求划分，部门预算支出可分为基本支出和项目支出。基本支出，是指各部门、各单位为保障其机构正常运转、完成日常工作任务所发生的支出，包括人员经费和公用经费。人员经费，主要是指维持机构正常运转且可归集到个人的各项支出；公用经费，主要是指维持机构正常运转但不能归集到个人的各项支出。项目支出，是指各部门、各单位为完成其特定的工作任务和事业发展目标，在基本支出之外所发生的支出，包括基本建设、有关事业发展专项计划、专项业务费、大型修缮、大型购置、大型会议等项目支出。项目支出绩效管理是以项目支出为对象，以项目实施所带来的产出和效果为主要内容，以促进预算单位完成特定工作任务或事业发展目标为目的所开展的绩效管理活动。

（二）项目支出的特征

1. 专用性

项目支出预算的专用性根植于预算与业务结合之中。预算围绕项目，项目围绕特定目标，项目预算是为完成特定工作任务而编制的经费支出计划，针对不同目标或任务应分别设立项目。

2. 独立性

每个项目支出预算应有其支出的明确范围，项目之间支出不交叉，项目支出与基本支出之间也不能交叉，如果出现交叉则说明项目目标或任务有重叠，项目边界不清，设置不合理。

3. 完整性

项目支出预算应包括完成特定目标或任务所涉及的全部经费支出，应避免将为一个目标或任务而发生的支出拆解分散到多个项目支出中去。

（三）项目支出管理方式

项目设置要更加规范合理，要反映部门主要职责并具备可执行性，在保障运行维护合理需要的前提下，更加突出重点，聚焦国家的重大改革、重要政策和重点项目，有效避免项目间和年度交叉重复。实施项目分级管理，将部门的具体项目按照部门职责、行业或领域规划、项目内容等归集，形成若干个相对稳定的支出项目。具体分为一级项目和二级项目两个层次。项目分类客观反映项目本质特征，采取有针对性的管理方式，并按轻重缓急安排预算。

首先，一级项目明细到支出功能分类的款级科目，按照部门主要职责设立并由部门作为项目实施主体，每个一级项目包含若干二级项目。一级项目要有明确的名称、实施内容、支出范围和总体绩效目标，项目数量要严格控制，项目名称、实施内容和支出范围等在年度间要保持相对稳定。其次，二级项目包括在现有项目基础上规范整合而成的项目和新设立的项目，立项单位为项目实施主体。二级项目的设立，要与对应的一级项目相匹配，有充分的立项依据、具体的支出内容、明确合理的绩效目标。二级项目明细到支出功能分类的项级科目，年初部门预算按二级项目批复。

项目规范分类：一是按照使用范围，部门一级项目分为通用项目和专用项目。通用项目，指根据部门的共性项目设立并由各部门共同使用的一级项目。通用项目由财政部门根据管理需要统一设立。专用项目，指部门根据履行职能的需要自行设立和使用的一级项目。专用项目由部门提出建议，报财政部门核准后设立。二是按照项目的重要性，二级项目划分为重大改革发展项目、专项业务费项目和其他项目三类。其中，重大改革发展项目，指党中央、国务院文件明确规定中央财政给予支持的改革发展项目，以及其他必须由中央财政保障的重大支出项目等；专项业务费项目，指部门为履行职能，开展专项业务而持续、长期发生的支出项目，如大型设施、大型设备运行费，执法办案费，经常性监管、监测、审查经费，以及国际组织会费、捐款及维和支出等；其他项目，指除上述两类项目之外，部门为完成特定任务需安排的支出项目。基本建设项目统一列为其他项目。

（四）项目支出预算绩效管理

1. 部门审核和评审程序

一是审核和评审的程序。部门内部的项目审核和评审程序，由部门自行确定。部门应结合部门内部的预算分配机制，对审核和评审程序进行设计。预算审核可以采取逐级审核、分级审核或部门集中审核等方式。二是审核和评审的内容。部门审核和评审的内容主要包括完整性、必要性、可行性和合理性等方面。对应纳入评审范围的项目，评审的结果是项目审核信息的必要组成部分。三是审核和评审中的项目调整。部门内部审核和评审过程中，如需调整，可以由下级单位调整后重新上报，也可以由上级单位直接进行调整。项目的相关信息，最终以部门审核同意为准。四是项目排序。部门要对一级项目下的二级项目进行优先排序（见图 3–8）。排序将作为预算和规划安排的重要参考因素。

2. 项目支出预算及项目库的申报

一是项目支出预算的申报。按照财政部门要求的分年度项目支出控制规模，部门根据项目的优先排序情况，将项目列入预算和规划中，向财政部门申报预算。二是项目库的申报。按照财政部门要求的分年度项目库控制规模（略高于年度项目支出规模），部门根据项目的优先排序情况，向财政部门申报项目。项目库的申报与项目支出预算的申报同步进行。申报的项目库中包含列入预算和规划的全部项目，其他未列入预算和规划的项目，根据优先排序情况选择申报。

3. 项目的评审与绩效评价

一是项目支出预算评审。预算评审是完善预算编制流程、提高预算准确性的重要措施。要通过开展评审工作，建立健全预算评审

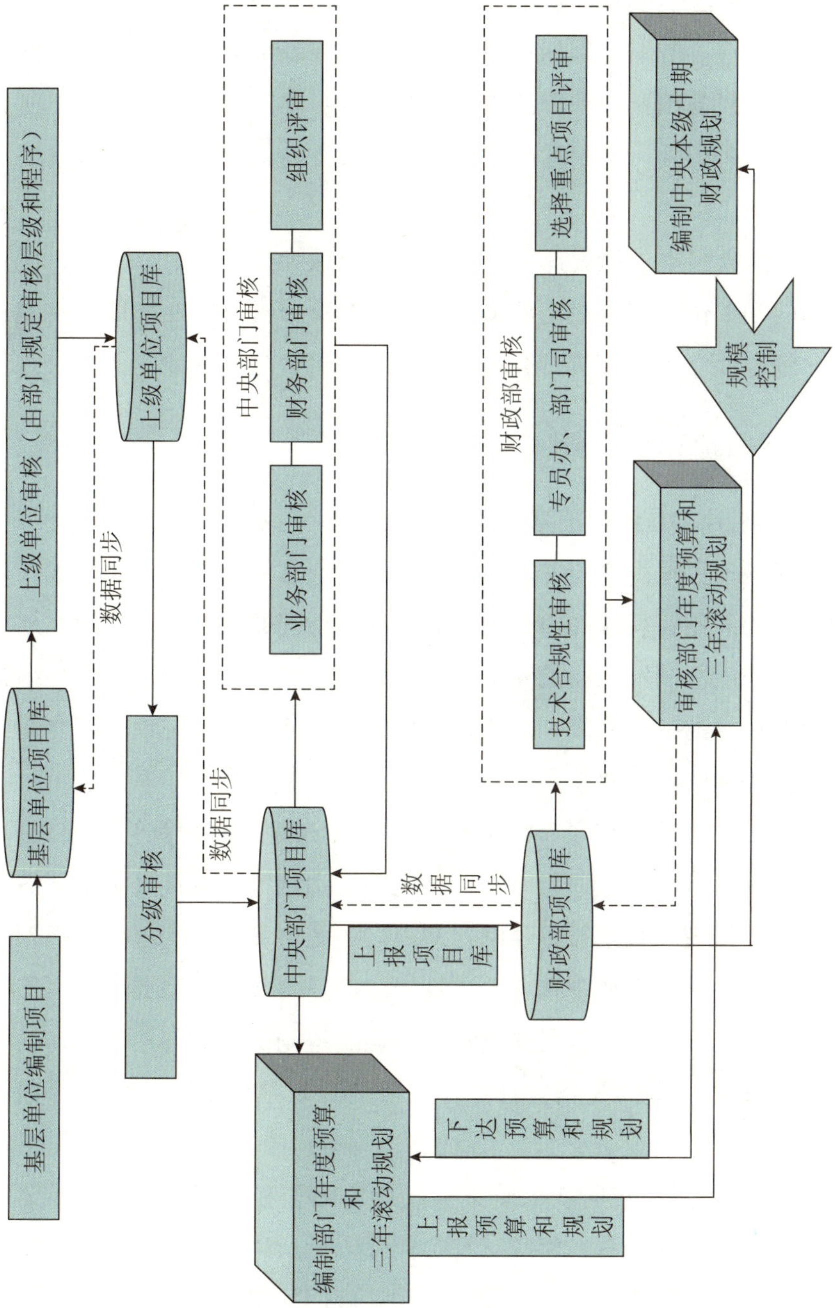

图 3-8　中央部门项目预算编制审核流程图

机制，将预算评审实质性地嵌入部门预算管理流程。①部门组织项目评审，并逐步实现评审范围的全覆盖，进入项目库的项目原则上要经过评审。②财政部门每年有计划地选择一部分重点项目进行再评审。项目支出预算评审的内容主要包括：项目实施的必要性、项目实施的可行性、项目的绩效目标、财政支持范围和方式、项目的预算。

二是项目支出绩效评价。项目支出绩效评价是指财政部门、预算部门和单位，依据设定的绩效目标，对项目支出的经济性、效率性、效益性和公平性进行客观、公正的测量、分析和评判。

二、部门预算绩效管理

（一）什么是部门预算

部门预算是由政府各职能部门依据国家有关法律法规及其履行职能需要编制，反映部门所有收入和支出情况的综合财政计划，是政府各职能部门履行职能和事业发展的物质基础。部门预算作为编制政府预算的一种制度和方法，由部门及其所属各单位预算综合而成，是编制政府财政总预算的基础。

部门预算是与市场经济体制相适应的现代政府预算管理模式，也是市场经济国家的通行做法。在一些发达国家，现代民主制度的一个重要体现就是部长责任制，即民选的政府部长要向议会承担政治责任。这一要求体现在政府预算中，就是各部部长需要就本部门的预算向立法机关承担受托责任，即通过编制、执行部门预算，确立公共资金管理的受托责任单位，因此，发达国家普遍实行部门预算。

由于一国一定时期的政策重点均要部署和体现在政府各具体职能部门中，如教育、医疗、社会保障等，所以，部门预算集中反映了一定时期政府工作的重点及各预算部门的工作任务，是预算管理的核心环节，也应该成为人大审查监督的重点。

（二）部门预算绩效管理

部门预算绩效管理是围绕部门职责，以预算资金为主线，运用科学、合理的绩效评价指标、评价标准和评价方法，对部门预算支出整体绩效及核心业务实施效果进行客观、公正的评价。通过部门整体支出绩效评价，进一步深化绩效理念，准确反映部门整体绩效，总结部门工作成效，同时客观反映管理体制和预算资金安排使用等方面的问题。进一步突出问题导向，着力促进部门破除体制机制障碍，加强支出管理，合理配置预算资金等资源，促进部门整体绩效提升。

将部门和单位预算收支全面纳入绩效管理，赋予部门和资金使用单位更多的管理自主权，增强其预算统筹能力。围绕部门和单位职责、行业发展规划、年度重点任务，以预算资金管理为主线，统筹考虑资金、资产和业务活动，从运行成本、管理效率、履职效能、社会效应、可持续发展能力和服务对象满意度等方面，衡量部门和单位整体及核心业务实施效果。

三、政策支出绩效管理

（一）什么是财政政策

财政政策，是指国家根据一定时期政治、经济、社会发展的任务而规定的财政工作的指导原则，通过财政支出与税收政策的变动来影响和调节总需求，进而影响就业和国民收入的政策。财政政策包括财政支出政策、财政收入政策和财政管理政策，本节只讲财政支出政策。

财政支出政策是财政政策的组成部分，是实现财政政策目标的重要手段。财政支出政策是指通过政府预算支出的增减及财政赤字的增减影响总需求。财政支出政策运用的方式多种多样，包括财政直接支出政策和间接支出政策，如：政府拨款、政府采购等属于财政直接支出政策范畴，财政担保、财政资助等属于财政间接支出政策范畴。研究和做好财政支出政策绩效评价是研究和做好财政政策绩效评价的前提和基础。

（二）政策绩效管理

将绩效管理范围拓展到所有使用财政资金的政策和项目，从数量、质量、时效、成本、效益等方面，综合衡量其资金使用效果。对实施期超过一年的重大政策和项目实行全周期跟踪问效，并及时清退执行到期且绩效不高的政策和项目。政策绩效管理，是对一项政策或者由多项政策组成的整体性系统性财政政策的相关性、效率性、效益性、公平性以及一段时期内政策执行效果的综合评价。政策绩效评价结果是人大、财政部门检验或预测政策执行效果，对政策的制定、调整或者终止提出相关意见的有效依据。

开展政策绩效管理的主要目的：一是发现政策决策中存在的问题，对优化政策决策程序、调整完善政策内容和政策目标提出客观建议；二是发现政策执行中在相关配套政策制定、组织实施与资金管理中存在的问题和薄弱环节，有针对性地提出改进政策执行和项目管理的建议；三是就政策实施是否总体有效或阶段性有效做出判断，就政策实施与社会经济发展的契合度做出判断，从而为政策终结或延续提供决策参考依据。

（三）政策绩效管理的原则

1. 客观性原则

政策绩效管理必须在充分调研的基础上，以问题为导向，以事实为准绳，运用指标和数据，对政策制定、执行和政策目标实现情况进行全面客观评价，不以评价者的个人喜好影响评价结论的准确性。

2. 公开、公平和公正性原则

政策绩效管理应在客观基础上，坚持面向社会公开评价，让百姓参与，所有政策受益群体都应纳入评价范围，评价结果不受各种利益集团左右。

3. 重要性原则

政策绩效管理不是事无巨细，而应根据政策目标和社会大众期待，科学设置指标体系，围绕核心目标开展评价。一方面，有利于降低评价成本；另一方面，也有利于提高评价效率。

4. 可比性原则

政策绩效管理需要针对政策实施前后的效果和政策目标达成度进行前后比较分析，以显示政策实施的真正绩效。指标和数据采集成为前后效果比较的重要方式。

5. 结果导向原则

政策绩效管理的根本目标是为了完善政策，让好的政策更好地执行，让百姓受益；让有问题的政策退出，避免政策的负效应。政策评价的结果只有得到应用，才能真正推动政策制定的科学化和政策执行的有效性。

（四）政策绩效管理的形式

根据不同阶段的时间节点，政策绩效管理包括政策制定阶段的绩效前评价、执行过程中的绩效跟踪评价和政策到期后的绩效后评价三种形式。不同阶段的政策评价其关注点是不一样的。

1. 政策设立的前评价

主要关注：政策设定程序的合法性、公正性、规范性；政策的必要性，目标设定是否符合各级要求、符合实际情况、符合社会发展需求、符合人民群众利益；政策的可行性，政策规定的实际措施与目标达成是否具备因果关系；政策内容是否完整、支持范围是否合理、扶持方式是否精准、配套措施是否完备。

2. 政策实施的跟踪评价

主要关注：政策实施的阶段性目标兑现情况，与社会经济发展的契合度等。

3. 政策到期的后评价

主要关注：政策完成的效率性、效益性、公平性，以及社会形势变化对政策的影响程度等。

政策到期，绩效评价结果认定绩效目标已经完成，市场又能够有效发挥作用的，政策要及时终止和退出；政策需要继续执行，但政策环境发生改变的，财政部门根据绩效评价结果向政府和相关部门（单位）提出调整完善政策内容的意见和建议，并为今后类似政策的出台提供借鉴，为政府决策提供参考；对于市场尚不能有效发挥作用的领域，政府包括公共财政要主动补位，给予政策引导，发挥财政政策逆周期调节作用。

第三节 完善全覆盖预算绩效管理体系

《中共中央 国务院关于全面实施预算绩效管理的意见》（中发〔2018〕34号）提出构建覆盖"四本预算"和所有财政资金、资产的预算绩效管理新体系。着力增强预算绩效管理的整体性和协调性，实现资金、资产的统筹安排、优化配置。

一、"四本预算"绩效管理

一般公共预算绩效管理，要重点关注财政收入质量、预算支出效益，特别是重大政策和项目的实施效果。收入方面，要重点关注收入结构、征收效率和优惠政策实施效果。支出方面，要重点关注预算资金配置效率、使用效益，特别是重大政策和项目实施效果，其中转移支付预算绩效管理要符合财政事权和支出责任划分规定，重点关注促进地区间财力协调和区域均衡发展。

政府性基金预算绩效管理，要重点关注征收标准、使用效果和对专项债务的支撑能力。

国有资本经营预算绩效管理，要重点关注落实国家战略、收益上缴、支出结构、使用效果等情况。

社会保险基金预算绩效管理，要重点关注收支政策效果、精算平衡、运行风险、可持续性等情况。加强“四本预算”的统筹联动，整合使用方向相同或类似的预算资金。

二、政府投资基金绩效管理

（一）政府投资基金绩效评价管理

政府投资基金，是指由各级政府通过预算安排，以单独出资或与社会资本共同出资设立，采用股权投资等市场化方式，引导社会各类资本投资经济社会发展的重点领域和薄弱环节，支持相关产业和领域发展的资金[①]。

政府投资基金绩效评价管理，是指财政部门和行业主管部门根据政府投资基金设定的绩效目标，运用科学、合理的绩效评价指标、评价标准和评价方法，对政府投资基金的经济性、效率性和效益性进行真实、客观、公正的评价。

（二）政府投资基金绩效评价对象

政府投资基金绩效评价的对象是指通过财政预算安排，以单独出资或与社会资本共同出资设立，主要采用股权投资方式，引导社会各类资本投资经济社会发展的重点领域和薄弱环节，支持相关产业和领域发展的资金，包括采用母子基金模式和直接投资模式设立的基金。

（三）政府投资基金绩效评价内容

政府投资基金绩效评价的基本内容：一是绩效目标的设定情况；二是基金设立程序的规范情况；三是行业主管部门、财政出资代持机构的履职情况；四是基金运营和投资管理效率情况；五是基金投资业绩情况；六是基金引导作用和政策效果；七是绩效评价的其他内容。

（四）政府投资基金绩效目标管理

政府投资基金的绩效目标，主要包括以下内容：一是预期产

---

① 财政部：《关于印发〈政府投资基金暂行管理办法〉的通知》（财预〔2015〕210号），2015年11月12日。

出，包括政府投资基金的认缴规模、数量、进度、质量、时效指标等。二是预期效果，包括政府投资基金产生的引导作用，放大、扶持效果，可持续影响等。

（五）政府投资基金绩效评价指标体系

政府投资基金绩效评价指标体系包括三级指标，其中一级指标包括基金合规性、基金效率与价值、政策效果三个部分。一是基金合规性，主要包括：基金设立合规性、基金运营合规性和基金监督合规性；二是基金效率与价值，主要包括：基金管理团队配置、资金管理、投资管理效率和基金业绩；三是基金政策效果，主要包括：基金的放大效果、引导作用和扶持效果。

一级指标构成基金绩效评价的基本框架，二级指标反映基金所处发展阶段的效益效果。一、二级指标及权重，原则上不得调整。三级指标及权重，可依据项目具体实施情况进行适当调整。评价指标体系须在基金绩效评价方案中进行明确[①]。

三、政府和社会资本合作（PPP）项目绩效管理

（一）政府和社会资本合作（PPP）项目绩效管理的内涵

政府和社会资本合作（以下简称“PPP”）模式是在基础设施及公共服务领域建立的一种长期合作关系。通常模式是由社会资本承担设计、建设、运营、维护基础设施的大部分工作，并通过“使用者付费”及必要的“政府付费”获得合理的投资回报；政府部门负责基础设施及公共服务的价格和质量监管，以保证公共利益最大化。

PPP 项目绩效管理是指，在 PPP 项目全生命周期开展的绩效目标和指标管理、绩效监控、绩效评价及结果应用等项目管理活动，包括政府付费、可行性缺口补助和使用者付费项目在内的所有 PPP 项目（见图 3-9）。

① 资料来源：《关于印发〈北京市市级政府投资基金绩效评价管理暂行办法〉的通知》（京财绩效〔2019〕717号），北京市财政局，2019年4月22日。

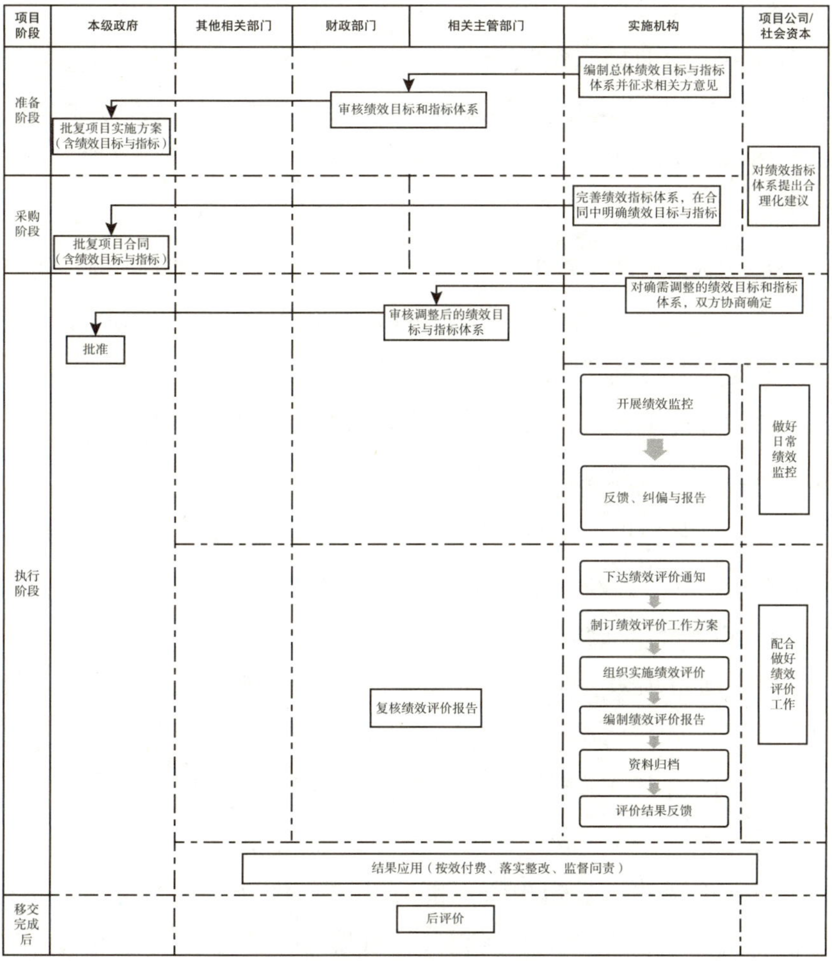

图 3-9 PPP 项目全生命周期绩效管理导图

（二）政府和社会资本合作（PPP）项目绩效目标管理

1. PPP项目绩效目标管理的职责分工

项目实施机构负责编制 PPP 项目绩效目标与绩效指标，报项目所属行业主管部门、财政部门审核。PPP 项目绩效目标包括总体绩效目标和年度绩效目标。总体绩效目标是 PPP 项目在全生命周期内预期达到的产出和效果；年度绩效目标是根据总体绩效目标和项目实际确定的具体年度预期达到的产出和效果，应当具体、可衡量、可实现。

2. PPP项目绩效目标的编制要求

（1）指向明确。绩效目标应符合区域经济、社会与行业发展规划，与当地财政收支状况相适应，以结果为导向，反映项目应当提供的公共服务，体现环境－社会－公司治理责任（ESG）理念。

（2）细化量化。绩效目标应从产出、效果、管理等方面进行细化，尽量进行定量表述；不能以量化形式表述的，可采用定性表述，但应具有可衡量性。

（3）合理可行。绩效目标应经过调查研究和科学论证，符合客观实际，既具有前瞻性，又有可实现性。

（4）物有所值。绩效目标应符合物有所值的理念，体现成本效益的要求。

3. PPP项目绩效目标的内容

PPP项目绩效目标应包括预期产出、预期效果及项目管理等内容。

（1）预期产出是指项目在一定期限内提供公共服务的数量、质量、时效等。

（2）预期效果是指项目可能对经济、社会、生态环境等带来的影响情况，物有所值实现程度，可持续发展能力及各方满意程度等。

（3）项目管理是指项目全生命周期内的预算、监督、组织、财务、制度、档案、信息公开等管理情况。

4. PPP项目绩效指标体系

PPP项目绩效指标是衡量绩效目标实现程度的工具，应按照系统性、重要性、相关性、可比性和经济性的原则，结合预期产出、预期效果和项目管理等绩效目标细化量化后合理设定。PPP项目绩效指标体系由绩效指标、指标解释、指标权重、数据来源、评价标准与评分方法构成。

（三）政府和社会资本合作（PPP）项目绩效监控管理

1. PPP项目绩效监控的职责分工

项目实施机构应根据项目合同约定定期开展 PPP 项目绩效监控，项目公司（社会资本）负责日常绩效监控。PPP 项目绩效监控是对项目日常运行情况及年度绩效目标实现程度进行的跟踪、监测和管理，通常包括目标实现程度、目标保障措施、目标偏差和纠偏情况等。

2. PPP项目绩效监控的要求

（1）严格遵照国家规定、行业标准、项目合同约定，按照科学规范、真实客观、重点突出等原则开展绩效监控。重点关注最能代表和反映项目产出及效果的年度绩效目标与指标，客观反映项目运行情况和执行偏差，及时纠偏，改进绩效。

（2）项目实施机构应根据 PPP 项目特点，考虑绩效评价和付费时点，合理选择监控时间、设定监控计划，原则上每年至少开展一次绩效监控。

3. PPP项目绩效监控的工作程序

（1）开展绩效监控。项目公司（社会资本）开展 PPP 项目日常绩效监控，按照项目实施机构要求，定期报送监控结果。项目实施机构应对照绩效监控目标，查找项目绩效运行偏差，分析偏差原因，结合项目实际，提出实施纠偏的路径和方法，并做好信息记录。

（2）反馈、纠偏与报告。项目实施机构应根据绩效监控发现的偏差情况及时向项目公司（社会资本）和相关部门反馈，并督促其纠偏；偏差原因涉及自身的，项目实施机构应及时纠偏；偏差较大的，应撰写《绩效监控报告》报送相关主管部门和财政部门。

（四）政府和社会资本合作（PPP）项目绩效评价管理

1. PPP项目绩效评价的职责分工

项目实施机构应根据项目合同约定，在执行阶段结合年度绩效目标和指标体系开展 PPP 项目绩效评价。财政部门应会同相关主管部门、项目实施机构等在项目移交完成后开展 PPP 项目后评价。

2. PPP项目绩效评价的要求

（1）严格按照规定程序，遵循真实、客观、公正的要求，采用定量与定性分析相结合的方法。

（2）结合 PPP 项目实施进度及按效付费的需要确定绩效评价时点。原则上项目建设期应结合竣工验收开展一次绩效评价，分期建设的项目应当结合各期子项目竣工验收开展绩效评价；项目运营期每年度应至少开展一次绩效评价，每 3 ~ 5 年应结合年度绩效评价情况对项目开展中期评估；移交完成后应开展一次后评价。

（3）绩效评价结果依法依规公开并接受监督。

3. PPP项目绩效评价的工作程序

（1）下达绩效评价通知。项目实施机构确定绩效评价工作开展时间后，应至少提前 5 个工作日通知项目公司（社会资本）及相关部门做好准备和配合工作。

（2）制订绩效评价工作方案。项目实施机构应根据政策要求及项目实际组织编制绩效评价工作方案，内容通常包括项目基本情况、绩效目标和指标体系、评价目的和依据、评价对象和范围、评价方法、组织与实施计划、资料收集与调查等。项目实施机构应组织专家对项目建设期、运营期首次及移交完成后绩效评价工作方案进行评审。

（3）组织实施绩效评价。项目实施机构应根据绩效评价工作方案对 PPP 项目绩效情况进行客观、公正的评价。通过综合分析、意见征询，区分责任主体，形成客观、公正、全面的绩效评价结果。对于不属于项目公司或社会资本责任造成的绩效偏差，不应影响项目公司（社会资本）绩效评价结果。

（4）编制绩效评价报告。PPP 项目绩效评价报告应当依据充分、真实完整、数据准确、客观公正，内容通常包括项目基本情况、绩效评价工作情况、评价结论和绩效分析、存在问题及原因分析、相关建议、其他需要说明的问题。

（5）资料归档。项目实施机构应将绩效评价过程中收集的全部有效资料，主要包括绩效评价工作方案、专家论证意见和建议、实地调研和座谈会记录、调查问卷、绩效评价报告等一并归档，并按照有关档案管理规定妥善管理。

（6）评价结果反馈。项目实施机构应及时向项目公司（社会资本）和相关部门反馈绩效评价结果。

项目公司对绩效评价结果有异议的，应在5个工作日内明确提出并提供有效的佐证材料，向项目实施机构解释说明并达成一致意见。无法达成一致的，应组织召开评审会，双方对评审意见无异议的，根据评审意见确定最终评价结果；仍有异议的，按照合同约定的争议解决机制处理。

项目实施机构应将PPP项目绩效评价报告报送相关主管部门、财政部门复核，复核重点关注绩效评价工作方案是否落实、引用数据是否真实合理、揭示的问题是否客观公正、提出的改进措施是否有针对性和可操作性等。

4. PPP项目绩效评价的结果应用

PPP项目绩效评价的结果是按效付费、落实整改、监督问责的重要依据。

（1）按效付费。政府付费和可行性缺口补助项目，政府承担的年度运营补贴支出应与当年项目公司（社会资本）绩效评价结果完全挂钩。财政部门应按照绩效评价结果安排相应支出，项目实施机构应按照项目合同约定及时支付。

使用者付费项目，项目公司（社会资本）获得的项目收益应与当年项目公司（社会资本）绩效评价结果挂钩。绩效评价结果优于约定标准的，项目实施机构应执行项目合同约定的奖励条款。绩效评价结果未达到约定标准的，项目实施机构应执行项目合同约定的违约条款，可通过设置影响项目收益的违约金、项目展期限制或影响调价机制等方式实现。绩效评价结果可作为项目期满合同是否展期的考量因素。

（2）落实整改。项目实施机构应根据绩效评价过程中发现的问题统筹开展整改工作，并将整改结果报送相关主管部门和财政部门。涉及自身问题的，项目实施机构应及时整改；涉及项目公司（社会资本）或其他相关部门问题的，项目实施机构应及时督促整改。

（3）监督问责。项目实施机构应及时公开绩效评价结果并接受社会监督；项目实施机构绩效评价结果应纳入其工作考核范畴。

第四节 建立全过程预算绩效管理链条

构建预算决策、编制、执行、决算和信息公开“五位一体”的预算绩效管理新机制，着力打造事前、事中、事后有机衔接的预算绩效管理链。

一、事前绩效评估机制

事前绩效评估是绩效目标管理的重要内容，是政府预算决策的重要改革举措，旨在预算编审环节引入社会监督，推行科学民主决策，建立“参与式预算”机制。通过评估，进一步优化公共资源配置，提高政府理财和公共服务水平，有利于推进“责任政府”“阳光政府”“服务型政府”建设。

事前绩效评估，是指财政部门根据部门战略规划、事业发展规划、项目申报理由等内容，通过委托第三方的方式，运用科学、合理的评估方法，对项目实施必要性、可行性、绩效目标设置的科学性、财政支持的方式、项目预算的合理性等方面进行客观、公正的评估。

事前绩效评估有时会与预算评审混淆。事前绩效评估解决的是“是否支持”的问题，即这个项目是否纳入明年财政预算支持的范围，有哪些部分纳入明年预算支持的范围；预算评审，从时间顺序上来说，处于事前绩效评估之后，解决的是“支持多少”的问题，即根据每一项预算内容的标准、数量等进行评审，控制预算支持规模。

专栏 3-4 北京全面启动 2018 年度事前绩效评估，突出“五结合”

北京市财政部门全面启动2018年度事前绩效评估工作。这是该市财政落实党的十九大报告提出的“全面实施绩效管理”要求开展的新探索。在进行事前绩效评估工作中，北京市财政部门不断强化“五结合”。

一是在事前评估内容上，实现财政项目评估与财政支出政策评估相结合。在进一步扩大事前绩效评估项目规模的同时，北京市首次试点开展财政支出政策事前评估，从政策决策依据的充分性和决策的规范性、政策目标制定的明确性和合理性、政策资金投入的可行性和分配的合理性、政策实施保障措施和可持续性等方面进行政策事前评估，以促进公共政策决策优化，资源配置合理，推动政府政策目标的顺利实现。

二是在事前评估重点上，实现绩效目标审核与重点支出评估相结合。北京市本年度事前绩效评估工作采取“更大范围绩效目标审核”与“重点支出事前绩效评估”相结合的方式开展，具体分为绩效目标审核和事前绩效评估两个阶段开展工作。绩效目标的审核对象包括纳入政府绩效管理的54家部门（单位）填报绩效目标的项目、2018年新设立政策的填报绩效目标的项目、纳入市政府14项重点工作的填报绩效目标的项目以及重点支出填报绩效目标的项目。

三是在事前评估主体上，实现财政为主体与专家发挥作用相结合。北京市委托中介机构参与评估，充分利用专家、第三方机构、人大代表、政协委员等独立、客观、专业的特点，保障评估工作的客观公正性。重视借助专家的智力资源，除管理专家、财政专家、财务专家外，注重发挥项目自身领域专家的重要作用，提升评估工作的质量与深度。

四是在事前评估监督上，实现绩效评估与预算监督相结合。北京市引入人大代表和政协委员全程参与，把绩效评估与预算监督有机结合，让人大代表和政协委员代表社会公众对项目本身进行监督，确保项目实施符合社会公众的利益需求；同时对评估工作进行监督，确保评估工作客观、公开、公正开展。提高人大代表、政协委员评估意见比例，最后形成财政、专家、人大和政协总体评估意见。

五是在事前评估衔接上，实现事前绩效评估与预算评审工作相结合。北京市建立联合评审机制，项目资料信息共享，事前评估与预算评审同步进行。预算评审工作提前介入到事前绩效评估环节，真正将预算编制“科学化、精细化”的管理要求落到实处。

资料来源：中国财经报网站，http://www.cfen.com.cn/dzb/dzb/page_4/201712/t20171227_2789024.html。

二、绩效目标管理

绩效目标，是指财政预算资金计划在一定期限内达到的产出和效果。绩效目标是建设项目库、编制部门预算、实施绩效监控、开展绩效评价等的重要基础和依据。

绩效目标管理，是指财政部门、各部门及其所属单位以绩效目标为对象，以绩效目标的设定、审核、批复等为主要内容所开展的预算管理活动。财政部门和各部门及其所属单位是绩效目标管理的主体。绩效目标管理的对象是纳入各部门预算管理的全部资金，而不仅仅是财政性资金。

专栏 3-5 财政部 2018 年预算绩效目标基本实现全覆盖

按照党的十九大关于“建立全面规范透明、标准科学、约束有力的预算制度，全面实施绩效管理”的要求，2018年中央财政加快预算绩效改革步伐，着力完善预算绩效管理顶层设计，推动财政资源配置效率和使用效益不断提升。2018年财政部深化预算绩效管理改革的举措如下。

（一）绩效目标基本实现全覆盖。2018年，绩效目标管理已经覆盖一般公共预算、政府性基金预算中所有中央部门本级项目和中央对地方专项转移支付，以及部分中央国有资本经营预算项目，初步建立了比较全面规范的绩效指标体系。同时，将绩效目标随同预算批复和下达，强化资金使用单位的主体责任和效率意识。

（二）扩大绩效运行监控范围。在前两年试点的基础上，2018年绩效目标运行监控范围扩大到所有中央部门本级项目，跟踪查找薄弱环节，及时堵塞管理“漏洞”，纠正执行偏差。

（三）全面实施绩效自评。继续组织中央部门对上年所有本级项目开展绩效自评，首次组织地方对中央专项转移支付全面开展绩效自评。

（四）大力推进重点绩效评价。2016年开始建立重点绩效评价常态机制，每年选择部分重点民生政策和重大项目组织开展绩效评价工作，截至目前已经对100多个项目（政策）开展了绩效评价。同时，不断强化绩效评价结果反馈及应用，督促部门及地方进行整改，并推动将部分绩效评价结果应用于预算安排和政策调整。

（五）加大绩效信息公开力度。将中央部门本级36个重点项目和所有中央对地方专项转移支付绩效目标、15个重点项目绩效评价报告、93个中央部门182个项目绩效自评结果，提交全国人大常委会参阅或审议，并稳步推动上述绩效信息向社会公开。

资料来源：财政部预算司。

三、绩效运行监控管理

绩效运行监控管理是全过程预算绩效管理的重要环节，是确保中央部门实现预算绩效目标、落实绩效主体责任的重要手段。绩效运行监控旨在跟踪年初设定的绩效目标完成情况，纠正执行偏差，查找资金使用和业务管理中的薄弱环节，及时弥补管理“漏洞”。开展绩效运行监控有利于促进预算管理、财务管理和项目管理的有机融合，有效提高中央部门和项目执行单位的资金使用绩效和管理水平。

四、绩效评价管理

绩效评价是指财政部门和预算部门（单位）根据设定的绩效目标，运用科学、合理的绩效评价指标、评价标准和评价方法，对财政支出的经济性、效率性、效益性和公平性进行客观、公正的测量、分析和评判。财政支出绩效评价是预算绩效管理的核心。预算执行结束后，要及时对预算资金的产出和结果进行绩效评价，重点评价产出和结果的经济性、效率性和效益性。

五、绩效评价结果反馈和应用管理

绩效评价结果应当采取评分与评级相结合的形式，具体分值和等级可根据不同评价内容设定。财政部门和预算部门及时整理、归纳、分析、反馈绩效评价结果，并将其作为改进预算管理和安排以后年度预算的重要依据。

对绩效评价结果较好的，财政部门和预算部门可予以表扬或继续支持。对绩效评价发现问题、达不到绩效目标或评价结果较差的，财政部门和预算部门可予以通报批评，并责令其限期整改。不进行整改或整改不到位的，应当根据情况调整项目或相应调减项目预算，直至取消该项财政支出。

六、绩效信息公开管理

加强预算绩效信息发布管理制度建设，完善绩效信息公开机制。绩效评价结果应当按照政府信息公开的有关规定，在一定范围内公开。将绩效评价结果向同级人民政府报告，为政府决策提供参考，并作为实施行政问责的重要依据。逐步提高绩效评价结果的透明度，将绩效评价结果，尤其是一些社会关注度高、影响力大的民生项目和重点项目支出绩效情况，依法向社会公开，接受全社会监督。

七、绩效监督问责管理

实施结果奖惩和行政问责。建立绩效管理工作考核和结果通报、约谈制度，将预算绩效管理工作考核结果纳入地区和部门工作目标考核范畴，作为评价地区和部门工作的重要依据，作为领导班子和领导干部综合考评的重要内容，逐步建立绩效行政问责机制。

第四章

预算绩效一体化闭环管理

构建预算绩效一体化闭环管理，建立全过程预算绩效管理机制，是全面实施预算绩效管理的重要内容。预算编制环节加强绩效目标管理，确定预期要实现的主要产出和效果；预算执行环节做好绩效运行监控，跟踪年初设定的绩效目标实现程度和资金执行进度，纠正执行偏差，及时弥补管理“漏洞”；决算环节实施绩效评价管理，全面反馈绩效目标完成情况，对财政支出绩效进行客观、公正的评价，并将其作为改进预算管理、政策调整和安排以后年度预算的重要依据。如此循环往复，促进预算绩效水平持续提升。

第一节 事前绩效评估

事前绩效评估是绩效目标管理的重要内容，是政府预算决策的重要改革举措，旨在预算编制环节引入社会监督，推行科学民主决策，建立“参与式预算”机制。通过评估，进一步优化公共资源配置，提高政府理财和公共服务水平，有利于推进“责任政府”“阳光政府”“服务型政府”建设。预算编制过程中的项目事前评估工作在每年 9 ~ 11 月完成；年中申请追加的项目事前评估工作应于财政部门下达评估任务后 2 个月内完成。

一、事前绩效评估的概论

（一）事前绩效评估的内涵

事前绩效评估，是指财政部门和预算单位根据部门战略规划、事业发展规划、项目申报理由等内容，运用科学、合理的评估方法，对新出台重大政策、项目的立项必要性、投入经济性、绩效目标合理性、实施方案可行性、筹资合规性等方面进行客观、公正的评估。事前绩效评估结果作为申请预算的必备要件。各级财政部门要加强新增重大政策和项目预算审核，必要时可以组织第三方机构独立开展绩效评估，审核和评估结果作为预算安排的重要参考依据。

事前绩效评估，有时会与预算评审混淆。事前绩效评估解决的是“是否支持”的问题，即这个项目是否纳入明年财政预算支持的范围，有哪些部分纳入明年预算支持的范围；预算评审，从时间顺序上来说，处于事前绩效评估之后，解决的是“支持多少”的问题，即根据每一项预算内容的标准、数量等进行评审，控制预算支持规模。

专栏4-1 北京市事前绩效评估探索

事前绩效评估，是北京市对预算绩效管理工作的一次有效创新与探索。2010年，在中央和国内大多数地方还聚焦于事后绩效评价的阶段，北京市财政部门就着手将预算绩效管理关口前移，于预算编审环节引入事前绩效评估工作（见表1）。

表1 北京市2010—2014年事前绩效评估开展概况

年份	评价项目数（个）	评估资金量（亿元）	评估审减金额（亿元）	审减率（%）
2010	8	14.25	2.18	15.3
2011	33	48.67	8.92	18.3
2012	36	35.96	6.31	17.5
2013	43	39.83	10.3	25.9
2014	60	48.08	12.83	26.7

（二）事前绩效评估的内容

1. 重大政策、项目实施的必要性

重大政策、项目实施的必要性评估，主要评估重大政策、项目立项依据是否充分，政策、项目内容与国家、地方的宏观政策、行业政策、主管部门职能和规划、当年重点工作是否相关；政策、项目设立依据的宏观政策是否具有可持续性，项目所在行业环境是否具有可持续性；政策、项目是否具有现实需求、需求是否迫切，是否有可替代性，是否有确定的服务对象或受益对象；政策、项目是否有明显的经济、社会、环境或可持续性效益，预期效益的可实现程度如何。

2. 重大政策、项目投入的经济性

重大政策、项目投入的经济性评估，主要是运用成本效益分析法，对政策、项目投入的成本进行评估，通过对政策、项目实施过程中不同方案的成本进行测算，选择成本最低的实施方案。

3. 重大政策、项目实施的可行性

重大政策、项目实施的可行性评估，主要评估政策、项目组织机构是否健全，职责分工是否明确，组织管理机构是否能够可持续运转；政策内容、项目内容是否明确具体，是否与绩效目标相匹配；政策实施方案、项目技术方案是否完整、可行，与政策、项目有关的基础设施条件是否能够得以有效保障；政策、项目单位及项目的各项业务和财务管理制度是否健全，技术规程、标准是否完善，是否得到有效执行；针对财政资金支持方式和市、区两级财政配套资金可能存在的风险，是否有相应的保障措施。

4. 重大政策、项目绩效目标的合理性

重大政策、项目绩效目标的合理性评估，主要评估政策、项目是否有明确的绩效目标，绩效目标是否与部门的长期规划目标、年度工作目标相一致，政策、项目产出和效果是否相关联，受益群体的定位是否准确，绩效目标与政策、项目要解决的问题是否匹配、与现实需求是否匹配，是否具有一定的前瞻性和挑战性；绩效指标设置是否与政策、项目高度相关，是否细化、量化。

5. 重大政策、项目筹资的合规性

重大政策、项目筹资的合规性，主要评估政策、项目预算中不同性质来源的资金是否符合国家相关法律法规的要求，政策、项目预算编制依据是否充分，政策、项目预算是否与绩效目标相匹配，投入产出比是否合理等。政策、项目资金来源渠道是否明确，各渠道资金到位时间、条件是否能够落实；财政资金支持方式是否科学合理，重大政策、项目实施中来源于不同级财政资金配套方式和承受能力是否科学合理等。

（三）事前绩效评估的方式和方法

1. 事前绩效评估的主要方式

事前绩效评估的方式包括聘请专家、网络调查、电话咨询、召开座谈会、问卷调查、人大代表和政协委员参与等。①聘请专家，是指邀请技术、管理和财务等方面的专家参与事前评估工作，提供专业支持。②网络调查，是指通过互联网及相关媒体开展调查，向评估对象利益相关方了解情况或征询意见。③电话咨询，是指通过电话对专业人士、评估对象及其他相关方进行咨询。④召开座谈会，是指由第三方组织特定人员或专家座谈，对评估项目集中发表意见和建议。⑤问卷调查，是指调查者运用统一设计的问卷，向评估对象利益相关方了解情况或征询意见。⑥人大代表和政协委员参与，是指邀请人大代表和政协委员参与事前评估工作，人大代表和政协委员可分别从预算监督和民主监督的角度提出意见和建议。

2. 事前绩效评估的主要方法

事前绩效评估的主要方法包括成本效益分析法、比较法、因素分析法、最低成本法、公众评判法等。①成本效益分析法，是指通过将项目的预算支出安排与预期效益进行对比分析，对项目进行评估。②比较法，是指通过对绩效目标与预期实施效果、历史情况、不同部门和地区同类预算支出（项目）安排的比较，对项目进行评估。③因素分析法，是指通过综合分析影响项目绩效目标实现、实施效果的内外因素，对项目进行评估。④最低成本法，是指对预期效益不易计量的项目，通过综合分析测算其最低实施成本，对项目进行评估。⑤公众评判法，是指通过专家评估、公众问卷及抽样调查等方式，对项目进行评估。⑥其他评估方法。

事前绩效评估方式和方法的选用应当坚持简便有效的原则。根据评估对象的具体情况，可采用一种或多种方式、方法进行评估。

二、事前绩效评估的流程

为确保事前绩效评估工作的客观公正，事前绩效评估工作应当遵守严格、规范的工作程序。程序一般包括事前绩效评估的准备、事前绩效评估的实施、事前绩效评估的总结及应用三个阶段。

（一）事前绩效评估的准备

1. 确定事前绩效评估对象

财政部门根据地区经济社会发展需求和年度工作重点确定事前绩效评估的对象。

2. 下达事前绩效评估任务

各级财政部门下达事前绩效评估项目通知书，明确评估组织实施形式，确定评估目的、内容、任务、依据、评估时间及要求等方面的情况。

3. 成立事前绩效评估工作组

第三方机构接受事前绩效评估任务，成立事前绩效评估工作组，组织开展事前绩效评估各项工作。

（二）事前绩效评估的实施

1. 拟订工作方案

评估工作组按要求拟订具体的事前绩效评估工作方案。

2. 入户调研

评估工作组到财政部门主管业务处室和项目单位进行入户调研，了解项目情况，辅导项目单位收集准备资料。

3. 组建专家组

评估工作组依据项目内容遴选评估专家，组成专家组，并适时对专家进行业务培训。

4. 收集审核资料，现场调研

评估工作组收集审核项目资料，与专家、人大代表、政协委员到项目现场进行调研。通过咨询专业人士、查阅资料、问卷调查、电话采访、集中座谈等方式，多渠道获取项目信息。

5. 进行预评估

评估工作组与专家组对项目相关数据进行摘录、汇总、分析，完成预评估工作。对于资料不全或不符合要求的，要求项目单位在

5个工作日内补充上报，逾期视同资料缺失。

6. 召开正式专家评估会

专家组通过审核项目资料和听取项目单位汇报，对项目的相关性、预期绩效的可实现性、实施方案的有效性、预期绩效的可持续性和资金投入的可行性及风险等内容进行评估，形成评估结论。

参与评估的人大代表、政协委员可单独出具评估意见，包括对事前绩效评估工作的意见建议及项目的评估意见等。

（三）事前绩效评估的总结及应用

1. 撰写事前绩效评估报告

评估工作组根据专家、人大代表和政协委员的评估意见，按照规定的文本格式和要求，撰写事前绩效评估报告，整理事前绩效评估资料。

2. 提交事前绩效评估报告

评估工作组在专家评估会后5个工作日内，向市财政局提交事前绩效评估报告。

3. 事前绩效评估结果反馈与应用

财政部门及时向主管部门、参与事前绩效评估的人大代表和政协委员反馈事前绩效评估结果，并根据事前绩效评估结果做出预算安排决策；主管部门和预算单位根据事前绩效评估意见进一步完善预算管理。

4. 结果汇报

财政部门向本级人大和本级政府汇报事前绩效评估结果。

（四）事前绩效评估报告

财政部门和预算单位开展事前绩效评估工作，在工作结束后需要提交事前绩效评估报告。事前绩效评估报告应当依据充分、真实完整、数据准确、分析透彻、逻辑清晰、客观公正。

事前绩效评估报告应当包括以下主要内容：①政策或项目基本情况，包括政策或项目名称、项目单位、主管部门、评估机构、评估时间、评估事项绩效目标、申请资金总额等政策或项目基本信息。②事前绩效评估的组织实施情况。③事前绩效评估指标体系、评价标准和评价方法。④事前绩效评估内容与结论，包括评估事项的必要性、评估事项的可行性、评估事项的绩效目标、评估事项涉及资金预算和财政的支持范围、方式，以及其他自有资金保障渠道、事前绩效评估总体结论等。⑤相关建设与其他需要说明的问题。阐述评审工作基本前提、假设、报告适用范围、相关责任以及需要说明的其他问题等。

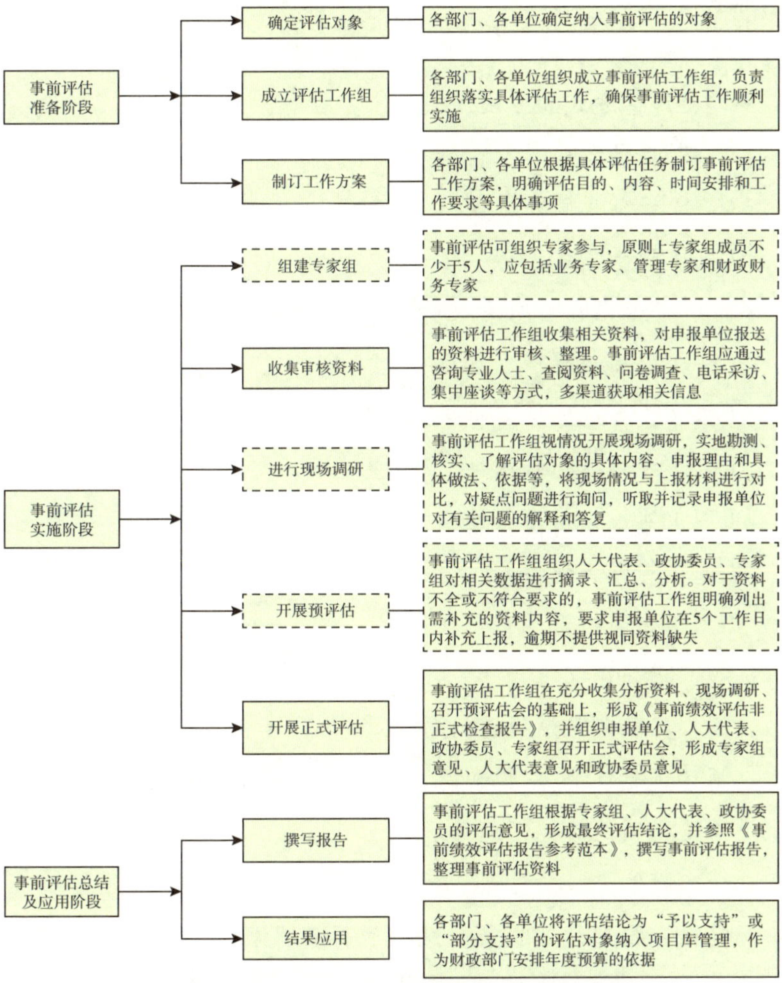

注：图中虚线内容由事前绩效评估工作组视情况确定是否组织实施。

图 4-1　北京市事前绩效评估工作流程图

事前绩效评估报告参考文本如下。

北京市财政支出项目事前绩效评估报告

一、评估对象

项目名称：

项目单位：　　　　　　　　主管部门：

项目绩效目标：

项目资金总额：　　　　　　其中申请财政资金：

项目概况：

二、评估方式和方法

（一）评估程序

（二）评估思路及方法

（三）评估方式

三、评估内容与结论

（一）立项必要性

（二）投入经济性

（三）绩效目标合理性

（四）实施方案可行性

（五）筹资合规性

（六）总体结论

四、相关建议

五、其他需要说明的问题

阐述评估工作基本前提、假设、报告适用范围、相关责任以及需要说明的其他问题等。

六、附件

包括：预期绩效报告、绩效目标申报表、专家组评估意见、人大代表评估意见、政协委员评估意见、专家及工作组情况表等。

北京市财政支出政策事前绩效评估报告

一、评估对象

政策名称：

实施单位：　　　　　　　　　主管部门：

政策绩效目标：

政策资金总额：　　　　　　　其中申请财政资金：

政策概况：

二、评估方式和方法

（一）评估程序

（二）评估思路及方法

（三）评估方式

三、评估内容与结论

（一）政策设立必要性

（二）政策目标合理性

（三）政策资金合规性

（四）政策保障充分性

（五）政策的可持续性

（六）总体结论

四、相关建议

五、其他需要说明的问题

阐述评估工作基本前提、假设、报告适用范围、相关责任以及需要说明的其他问题等。

六、附件

包括：预期绩效报告、绩效目标申报表、专家组评估意见、人大代表评估意见、政协委员评估意见、专家及工作组情况表等。

专栏 4-2 OECD 国家预算支出审查的主要做法

2008年全球金融危机后，以绩效为导向的“预算支出审查”作为一项重要的预算绩效管理工具，在经济合作与发展组织（OECD）国家得到广泛应用，并在大幅削减低效无效资金、保障重点领域支出需要等方面发挥了重要作用。

预算支出审查是一种确定财政支出优先次序的工具，即通过运用特定程序，对现有预算支出的实施机构和部门、实施方案、业务流程等进行审查评估，对提供无效或不必要公共产品的支出政策进行削减，有针对性地制订节支和优化支出顺序方案，从而将有限的政府资源重新分配至效益最佳的项目上，最终降低公共财政的规模和增长水平。

（一）从审查重点看，关注效率审查和战略审查

效率审查，即对现有支出或项目的实施方式进行审查，看其在流程设计、组织实施等方面是否存在资金浪费、低效无效等问题，在不改变原有支出提供的公共产品或服务（即产出）的情况下提出节支建议。

战略审查则是通过找出与国家宏观战略不符、政策有效性较差或政策优先次序较低的项目和政策，提出削减所提供的公共产品或服务以减少开支。如，2010年荷兰曾实行战略审查，该审查选取了20项重大政策，目的是提出在未来4年内压缩20%支出的方案。

比较来看，仅依靠效率审查难以达到大幅、快速削减开支的目标，实际削减幅度很少能超过2%。因此，在实践中各国通

常将二者结合使用，并将战略审查作为预算支出审查的重点。

（二）从审查范围看，预算支出审查包括综合性审查和选择性审查

综合性审查不受限于任何预设的审查主题或支出事项，要求所有部门和机构全面审查预算项目，更好地关注本部门或机构的项目和服务，精简内部操作，转变工作方式，并提出尽可能实用的、最重要的节支方案，多被应用于满足财政困难时期削减赤字的需要。如，2010年英国开始实行的综合支出审查（CSR），被称为是一种“全面彻底（由根到枝）”的审查，几乎涵盖了法定支出、对地方的转移支付等在内的所有事项；2010—2014年通过审查削减了部门预算总支出（医疗和海外援助除外）的19%。

选择性审查是针对特定领域或对象，包括对特定项目、流程、机构等的审查，尤其是将关注度较高和存在争议的事项（如环境保护、公共健康等）作为重点，也常采取轮动方式在一定周期内逐步覆盖所有审查对象。例如：2008—2010年，加拿大政府组织的预算支出审查，每年会覆盖1/3的联邦政府机构。

比较而言，选择性审查是一种渐进的再分配方式，适合于对财政支出的常规限制，更容易被各方接受，但若只采用选择性审查，可能会忽略重要节支对象；综合性审查覆盖全面，可在短期内起到大幅削减总支出、调整支出结构的作用，但实施成本高、难度大。

（三）从审查维度看，纵向上包括结余审查和管理审查，横向上包括部门审查和跨部门审查

根据审查目标，预算支出审查分为结余审查和管理审查。结余审查是一种财政整顿活动，主要通过减少具体的项目支出和提高政府运作效率来控制总支出规模。管理审查旨在评估项目和机构职能，以确保两者之间保持相关性、有效性和可负担性。

根据审查对象，预算支出审查分为部门审查和跨部门审

查。部门审查的范围较小，一般一次审查一个部门，也可同时审查多个部门，但每个部门单独审查。跨部门的横向审查范围较大，涵盖了一系列由多个联邦部门或政府授权机构共同实施或提供服务的相互关联的政策、项目群。

（四）从组织方式看，预算支出审查可以采取自下而上、自上而下以及上下联合方式

自下而上方式，即先由支出部门内部自评，确定节支方案后再呈报中央，应用国家包括英国、爱尔兰和加拿大等。如英国综合支出审查（CSR）主要由各支出部门自行设计，自我评价后提交至财政部，收到各部门提交的方案后，财政部也可以提出新的方案，再由内阁公共开支委员会（PEX）统一负责评审。

自上而下方式，主要由财政部门主导并独立提出资金削减方案，部门很少参与。法国在公共政策全面修订（RGPP）期间采取了这种方式。

上下联合方式，一般由财政部和支出部门共同完成审查和方案制订工作。荷兰和丹麦主要采用此方式。作为预算管理的专业部门，各国的财政部门都会全程参与预算支出审查，支出部门提出的削减方案在提交最终决策领导之前，财政部要严格履行监督程序并完成审查报告，其提出的评审意见和削减方案将作为预算决策的关键依据。

经验表明，单纯采用自上而下的预算支出审查方法往往难以奏效，因为如果支出部门对需要自己执行的节支措施不理解或不认同，实施时会面临重重困难，效果也不理想。因此，各国多采用自下而上或上下联合审查的方法，以使支出部门在确定节支方案的过程中发挥积极作用。

OECD国家开展的预算支出审查，在节约财政资金（见表1）、优化财政支出结构、保障国家和政府部门跨期战略目标及任务实现等方面取得了积极成效。

表 1　　OECD 国家预算支出审查节支情况

国家	年份	节支金额
美国	2012—2014	通过对项目重复、重叠、零散等问题进行审查，削减预算 690 亿美元
英国	2010—2014	810 亿英镑，占部门预算（卫生和海外援助预算除外）的 19%
加拿大	2011—2012	52 亿加元，占直接联邦计划支出的 2%
法国	2011	150 亿欧元，占 2011 年公共支出的 3.4%
荷兰	2010	360 亿欧元
爱尔兰	2008、2011	78 亿欧元

以美国为例，自2011年起，美国审计署根据法律授权对项目、机构、政策进行审查，重点审查部门内部或者部门之间是否存在重复项目或活动（见表2）。通过审查，2012—2014年共取消或合并可能存在重复、重叠、零散等问题的项目587个，削减和节约财政资金690亿美元。

表 2　　美国预算支出（战略）审查关注的重点问题

跨部门优先（CAP）目标审查	1. 当前项目组合是否一致促成联邦部门的战略成果？是否需要调整 2. 联邦部门在未来几年中将面临哪些新问题和新挑战
部门优先目标审查	1. 该项目是政府的优先事项吗 2. 该项目与联邦政府的核心职能是否一致 3. 是否仍存在设计该项目的必要 4. 该项目是否达到预期效果 5. 该项目是否有效取得成果 6. 是否可以改进内部服务以最大限度提高效率 7. 是否可以减少重叠或重复项目以提高效率和结余

资料来源：《中国财经报》，2019年8月10日“绩效新时代”专刊。

第二节
绩效目标管理

绩效目标管理，是指财政部门、各部门及其所属单位依照职责，设定、审核、批复绩效目标的预算管理活动。绩效目标管理的对象是纳入各部门、各单位预算管理的全部资金。

一、绩效目标的内涵

绩效目标，是指预算资金计划在一定期限内达到的产出和效果。绩效目标是建设项目库、编制部门预算、实施绩效监控、开展绩效评价的重要基础和依据。

二、绩效目标的分类

（一）按预算支出的范围和内容划分的绩效目标分类

按照预算支出的范围和内容划分，包括基本支出绩效目标、项目支出绩效目标和部门（单位）整体支出绩效目标。基本支出绩效目标，是指部门预算中安排的基本支出在一定期限内对本部门（单位）正常运转的预期保障程度，一般不单独设定，而是纳入部门（单位）整体支出绩效目标统筹考虑。项目支出绩效目标，是指部门依据部门职责和事业发展要求，设立并通过预算安排的项目支出在一定期限内预期达到的产出和效果。部门（单位）整体支出绩效目标，是指部门及其所属单位按照确定的职责，利用全部部门预算资金在一定期限内预期达到的总体产出和效果。

（二）按预算支出时效性划分的绩效目标分类

按照预算支出时效性划分，包括中长期绩效目标和年度绩效目标。中长期绩效目标，是指部门预算资金在跨度多年的计划期内预期达到的产出和效果。年度绩效目标，是指中央部门预算资金在一个预算年度内预期达到的产出和效果。

三、绩效目标设定

绩效目标设定，是指各部门或其所属单位按照部门预算管理和绩效目标管理的要求，编制绩效目标并向财政部门或各部门报送绩效目标的过程。预算单位在编制下一年度预算时，要根据本级政府编制预算的总体要求和财政部门的具体部署、国民经济和社会发展规划、部门职能及事业发展规划，科学、合理地编制绩效目标并测算资金需求。编制的绩效目标应与部门目标高度相关，并且是具体的、可衡量的、一定时期内可实现的。

按照“谁申请资金，谁设定目标”的原则，绩效目标由各部门及其所属单位设定。项目支出绩效目标，在该项目纳入各级政府部门预算项目库之前编制，并按要求随同各部门项目库提交财政部门；部门（单位）整体支出绩效目标，在申报部门预算时编制，并按要求提交本级财政部门。

绩效目标要能清晰反映预算资金的预期产出和效果，并以相应的绩效指标予以细化、量化描述，主要包括：①预期产出，是指预算资金在一定期限内预期提供的公共产品和服务情况；②预期效果，是指上述产出可能对经济、社会、环境等带来的影响情况，以及服务对象或项目受益人对该项产出和影响的满意程度等。

绩效指标是绩效目标的细化和量化描述，主要包括产出指标、效益指标和满意度指标等。①产出指标是对预期产出的描述，包括数量指标、质量指标、时效指标、成本指标等。②效益指标是对预期效果的描述，包括经济效益指标、社会效益指标、生态效益指标、可持续影响指标等。③满意度指标是反映服务对象或项目受益人的认可程度的指标。

各部门、各单位设定项目或部门的绩效目标时，可以参考相关历史或横向的绩效标准。绩效标准是设定绩效指标时所依据或参考的标准。一般包括：①历史标准，是指同类指标的历史数据等；②行业标准，是指国家公布的行业指标数据等；③计划标准，是指预先制定的目标、计划、预算、定额等数据；④财政部门认可的其他标准。

各部门设定绩效目标的依据包括：①国家相关法律、法规和规章制度，国民经济和社会发展规划；②部门职能、中长期发展规划、年度工作计划或项目规划；③部门中期财政规划；④财政部门中期和年度预算管理要求；⑤相关历史数据、行业标准、计划标准等；⑥符合财政部门要求的其他依据。

专栏 4-3 中央部门项目绩效管理流程

中央部门预算项目实行分级管理，分为一级项目和二级项目两个层次。2016年，中央层面已经实现绩效目标管理全覆盖，促进“花钱”和“办事”相结合。2016年，财政部组织力量对153个中央部门的全部2024个一级项目，以及93项中央对地方专项转移支付绩效目标进行集中会审，形成了包括产出数量、质量、时效、成本、经济效益、社会效益、生态效益、可持续影响以及服务对象满意度等9个维度在内的规范化绩效指标体系，初步建立了绩效目标与预算资金“同步申报、同步审核、同步批复”的机制（见图1）。

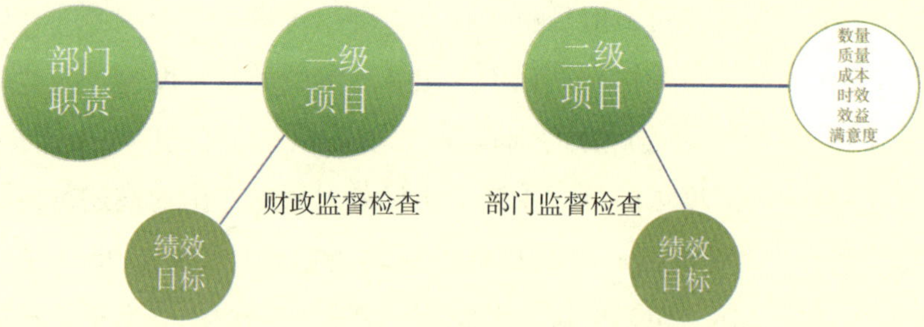

图 1 中央部门项目绩效管理流程

资料来源：财政部预算司。

四、绩效目标设定的方法

绩效目标设定的方法包括：①对项目的功能进行梳理，包括资金性质、预期投入、支出范围、实施内容、工作任务、受益对象等，明确项目的功能特性；②依据项目的功能特性，预计项目实施在一定时期内所要达到的总体产出和效果，确定项目所要实现的总体目标，并以定量和定性相结合的方式进行表述；③对项目支出总体目标进行细化分解，从中概括、提炼出最能反映总体目标预期实现程度的关键性指标，并将其确定为相应的绩效指标；④通过收集相关基准数据，确定绩效标准，并结合项目预期进展、预计投入等情况，确定绩效指标的具体数值。

部门（单位）整体支出绩效目标设定的方法包括：①对部门（单位）的职能进行梳理，确定部门（单位）的各项具体工作职责；②结合部门（单位）中长期规划和年度工作计划，明确年度主要工作任务，预计部门（单位）在本年度内履职所要达到的总体产出和效果，将其确定为部门（单位）总体目标，并以定量和定性相结合的方式进行表述；③依据部门（单位）总体目标，结合部门（单位）的各项具体工作职责和工作任务，确定每项工作任务预计要达到的产出和效果，从中概括、提炼出最能反映工作任务预期实现程度的关键性指标，并将其确定为相应的绩效指标；④通过收集相关基准数据，确定绩效标准，并结合年度预算安排等情况，确定绩效指标的具体数值。

专栏4-4　扶贫项目绩效目标管理工作流程

2019年《政府工作报告》提出，要继续打好“三大攻坚战”，精准发力、务求实效。防范化解重大风险要强化底线思维，坚持结构性去杠杆，防范金融市场异常波动，稳妥处理地方政府债务风险，防控输入性风险。精准脱贫要坚持现行标准，聚焦深度贫困地区和特殊贫困群体，加大攻坚力度，提高脱贫质量（见图1）。

财政部按照《中共中央 国务院关于打赢脱贫攻坚战的决定》关于“发挥政府投入在扶贫开发中的主体和主导作用”的要求，中央财政将脱贫攻坚作为财政支出优先保障的重点，不断强化脱贫攻坚投入保障，财政扶贫项目，包括产业扶贫、易地搬迁扶贫、教育扶贫、农村危房改造扶贫等项目资金全部纳入预算绩效目标管理范围。

财政扶贫项目绩效目标设定的依据：①国家相关法律、法规和规章制度；②部门职能、中长期发展规划、年度工作计划或项目规划；③中央和本地区预算编制规定和要求；④中央和本地区脱贫攻坚规划；⑤相关历史数据、行业标准、计划标准等；⑥符合财政部要求的其他依据。

财政扶贫项目绩效目标设定的要求：①指向明确，符合中央和本地区预算编制规定和要求、脱贫攻坚规划等，并与相应的预算支出内容、范围、方向、效果等紧密相关。②细化量化，从产出、效益、满意度等方面细化量化为绩效指标。不能以量化形式表述的，可采用定性表述，但应具有可衡量性。③合理可行，经过调查研究和科学论证，符合客观实际，能够在一定期限内如期实现。④相应匹配，与计划期内的任务数或计划数相对应，与预算确定的投资额或资金量相匹配。

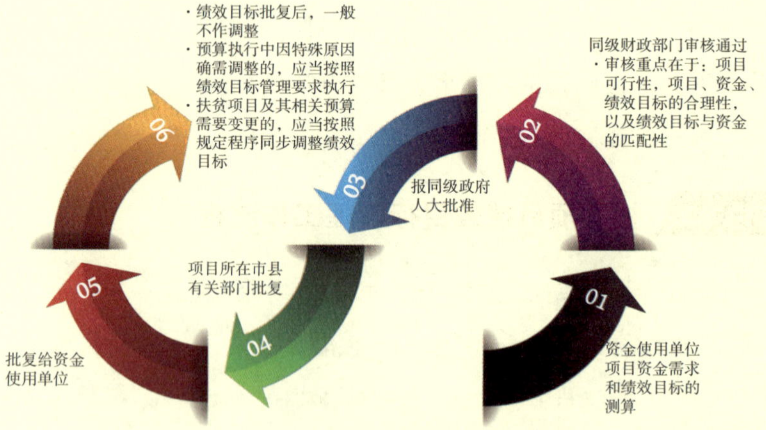

图1　某扶贫项目绩效管理工作流程

资料来源：财政部预算司。

案例 4-1　中央对地方专项转移支付整体绩效目标申报表

（2018 年度）

专项名称				支持学前教育发展资金			
中央主管部门				财政部、教育部	专项实施期		2017—2019 年
资金情况（万元）	实施期金额：				年度金额：		
	其中：中央补助				其中：中央补助		
	地方资金				地方资金		
总体目标	实施期目标				年度目标		
	到 2020 年，全国学前教育三年毛入园率达到 85%，普惠性学前教育的覆盖率达到 80% 左右，基本建成广覆盖、保基本、有质量的学前教育公共服务体系				2017 年，全国学前三年毛入园率提高，各省预计达到规划目标，普惠性学前教育资源进一步增加，学前教育资助范围进一步扩大		
绩效指标	一级指标	二级指标	三级指标	指标值	二级指标	三级指标	指标值
	产出指标	数量指标	全国学前三年毛入园率	×××%	数量指标	全国学前三年毛入园率	≥×××%
			普惠性学前教育覆盖率	×××%		普惠性学前教育覆盖率	≥×××%
			新增幼儿园数量	××× 所		新增幼儿园数量	××× 所
			支持地方扶持企事业单位、集体办园和普惠性民办园的受益儿童数	平均每年 ××× 万人次		支持地方扶持企事业单位、集体办园和普惠性民办园的受益儿童数	××× 万人次

续表

专项名称					支持学前教育发展资金		
绩效指标	产出指标	数量指标	资助家庭经济困难幼儿入园数	×××万人次	数量指标	资助家庭经济困难幼儿入园数	×××万人次
		时效指标	新建改扩建幼儿园完工率	≥×××%	时效指标	上年度新建改扩建幼儿园完工率	≥×××%
	效益指标	社会效益指标	积极引导地方扩大普惠性学前教育资源	持续增加	社会效益指标	积极引导地方扩大普惠性学前教育资源	持续增加
			引导地方提高学前教育普惠保障水平	有效提高		引导地方提高学前教育普惠保障水平	有效提高
	满意度指标	服务对象满意度指标	家长满意度	≥×××%	服务对象满意度指标	家长满意度	≥×××%

经办人及电话：　　　　主要负责人：　　　　上报时间：

案例 4–2　某县民政局城乡困难群众救助项目绩效目标申报表

（2018 年度）

项目名称		城乡困难群众救助项目		项目负责人及电话	
主管部门		××县民政局		实施单位	××县民政局
资金情况（万元）		年度资金总额：		4716	
	其中：财政拨款		4716		
	其他资金				
总体目标	年度目标				
	1. 城乡低保对象基本生活得到切实保障；2. 特困人员救助供养全覆盖；3. 临时救助及时高效；4. 为生活无着流浪乞讨人员提供临时救助、协助其及时返乡，并做好回归稳固工作；5. 为民政对象、建档立卡贫困户提供医疗救助，减轻困难群众就医负担；6. 切实保障孤儿和事实无人抚养儿童生存，促进其成长，使其生活得更有尊严，更好地融入社会				
绩效指标	一级指标	二级指标	三级指标		指标值
	产出指标	数量指标	农村低保对象占当地农村人口比例		3% ~ 5%
			贫困人口中接受临时救助的人次数		≥ 3000 人次
			孤儿基本生活保障政策覆盖率		≥ 95%
			流浪乞讨人员救助服务保障率		≥ 95%
			城乡特困人员救助供养覆盖率		≥ 95%
			贫困人口享受医疗救助的人次数		≥ 4000 人次

续表

项目名称		城乡困难群众救助项目	项目负责人及电话	
绩效指标	产出指标	数量指标	符合条件的建档立卡贫困人口享受健康扶贫医疗救助后报销比例	≥ 90%
			符合条件的民政对象个人自付医疗费用享受医疗救助的比例	≥ 60%
		质量指标	特困人员集中供养率	≥ 5%
			符合低保条件的建档立卡贫困人口应保未保比率	≤ 2%
			建立社会救助家庭经济状况核对机制的县比例	100%
		时效指标	补助资金及时发放率	≥ 90%
			“一站式”医疗救助即时结算覆盖乡镇率	≥ 80%
		成本指标	农村低保每人每年保障标准	3500 元
			城乡特困人员集中、分散供养人员每人每月保障标准	665 元
			孤儿基本生活保障集中供养每人每月补助标准	1769 元
			孤儿基本生活保障分散供养每人每月补助标准	1069 元
	效益指标	社会效益指标	农村低保对象生活水平提升情况	稳步提高
			政策知晓率	≥ 90%
	满意度指标	服务对象满意度指标	农村低保对象满意度	≥ 90%
			受助对象满意度	≥ 90%

经办人及电话：　　　　主要负责人：　　　　上报时间：

五、绩效目标审核

（一）绩效目标审核的内涵

绩效目标审核，是指财政部门或各部门对相关部门或单位报送的绩效目标进行审查核实，并将审核意见反馈相关单位，指导其修改完善绩效目标的过程。按照“谁分配资金，谁审核目标”的原则，绩效目标由财政部门或各部门按照预算管理级次进行审核。财政部门要依据国家相关政策、财政支出方向和重点、部门职能及事业发展规划等，对单位提出的绩效目标进行审核，包括绩效目标与部门职能的相关性、绩效目标的实现所采取措施的可行性、绩效指标设置的科学性、实现绩效目标所需资金的合理性等。

绩效目标审核是部门预算审核的有机组成部分。绩效目标不符合要求的，财政部门或中央部门应要求报送单位及时修改、完善。审核符合要求后，方可进入项目库，并进入下一步预算编审流程。各部门对所属单位报送的项目支出绩效目标和单位整体支出绩效目标进行审核。有预算分配权的部门应对预算部门提交的有关项目支出绩效目标进行审核，并据此提出资金分配建议。经审核的项目支出绩效目标，报财政部门备案。

（二）绩效目标审核的内容

绩效目标审核的主要内容包括：①完整性审核。绩效目标的内容是否完整，绩效目标是否明确、清晰。②相关性审核。绩效目标的设定与部门职能、事业发展规划是否相关，是否对申报的绩效目标设定了相关联的绩效指标，绩效指标是否细化、量化。③适当性审核。资金规模与绩效目标之间是否匹配，在既定资金规模下，绩效目标是否过高或过低；或者要完成既定绩效目标，资金规模是否过大或过小。④可行性审核。绩效目标是否经过充分论证和合理测算；所采取的措施是否切实可行，并能确保绩效目标如期实现。综合考虑成本效益，是否有必要安排财政资金。

（三）绩效目标审核的程序

1. 各部门及其所属单位审核

各部门及其所属单位对下级单位报送的绩效目标进行审核，提出审核意见并反馈给下级单位。下级单位根据审核意见对相关绩效目标进行修改完善，重新提交上级单位审核，审核通过后按程序报送财政部门。

2. 财政部门审核

财政部门对各部门报送的绩效目标进行审核，提出审核意见并反馈给各部门。各部门根据财政部门审核意见对相关绩效目标进行修改完善，重新报送财政部门审核。财政部门根据绩效目标审核情况提出预算安排意见，本级人大审议通过后随预算资金一并下达各部门。部门预算绩效目标设定、审核、批复管理流程，如图 4-2 所示。

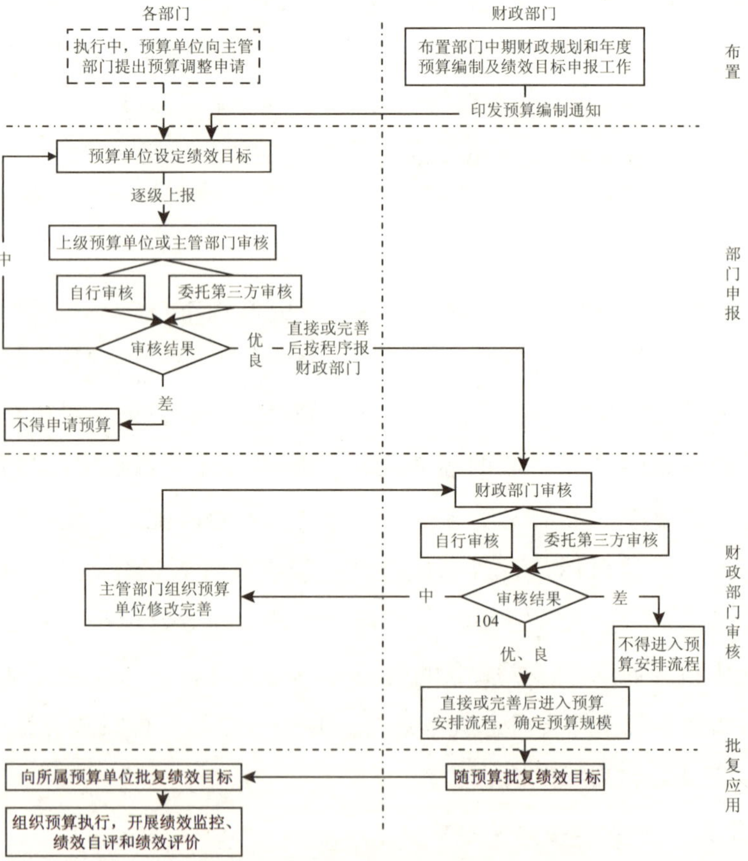

图 4-2 部门预算绩效目标管理流程图

六、绩效目标批复

按照“谁批复预算，谁批复目标”的原则，财政部门和各部门在批复年初部门预算时，一并批复绩效目标。批复的绩效目标应当清晰、可量化，以便在预算执行过程中进行监控和预算完成后实施绩效评价时对照比较。原则上，各部门整体支出绩效目标、纳入绩效评价范围的项目支出绩效目标和一级项目绩效目标，由本级政府财政部门批复；部门所属单位整体支出绩效目标和二级项目绩效目标，由各部门或所属单位按预算管理级次批复。

绩效目标确定后，一般不予调整。预算执行中因特殊原因确需调整的，应按照绩效目标管理要求和预算调整流程报批。各部门及所属单位应按照批复的绩效目标组织预算执行，并根据设定的绩效目标开展绩效监控、绩效自评。

第三节　预算绩效运行监控

一、预算绩效运行监控的内涵

为加强中央部门预算绩效运行监控（以下简称“绩效监控”）管理，提高预算执行效率和资金使用效益，根据《中共中央 国务院关于全面实施预算绩效管理的意见》的有关规定，财政部预算司于 2019 年 7 月 26 日发布《中央部门预算绩效运行监控管理暂行办法》（财预〔2019〕136 号）。

绩效监控，是指在预算执行过程中，财政部、中央部门及其所属单位依照职责，对预算执行情况和绩效目标实现程度开展的监督、控制和管理活动。绩效监控按照“全面覆盖、突出重点，权责对等、约束有力，结果运用、及时纠偏”的原则，中央层面由财政部统一组织、中央部门分级实施。

预算绩效监控是全过程预算绩效管理的重要环节，是确保中央部门实现预算绩效目标、落实绩效主体责任的重要手段。绩效监控旨在跟踪年初设定的绩效目标完成情况，纠正执行偏差，查找资金使用和业务管理中的薄弱环节，及时弥补管理“漏洞”。开展绩效监控有利于促进预算管理、财务管理和项目管理的有机融合，有效提高中央部门和项目执行单位的资金使用绩效和管理水平。

二、预算绩效监控的职责分工

财政部和中央部门在预算绩效监控中形成了既有分工又有合作的协作关系，对预算执行情况和绩效目标实现程度开展监督、控制和管理。

财政部主要职责包括：①负责对中央部门开展绩效监控的总体组织和指导工作；②研究制定绩效监控管理制度、办法；③根据工作需要开展重点绩效监控；④督促绩效监控结果应用；⑤应当履行的其他绩效监控职责。

中央部门是实施预算绩效监控的主体。中央部门主要职责包括：①牵头负责组织部门本级开展预算绩效监控工作，对所属单位的绩效监控情况进行指导和监督，明确工作要求，加强绩效监控结果应用等；按照要求向财政部报送绩效监控结果。②按照“谁支出，谁负责”的原则，预算执行单位（包括部门本级及所属单位，下同）负责开展预算绩效日常监控，并定期对绩效监控信息进行收集、审核、分析、汇总、填报；分析偏离绩效目标的原因，并及时采取纠偏措施。③应当履行的其他绩效监控职责。

三、预算绩效监控的范围和内容

（一）绩效监控范围

中央部门绩效监控范围涵盖中央部门一般公共预算、政府性基金预算和国有资本经营预算所有项目支出。中央部门对重点政策和重大项目，以及巡视、审计、有关监督检查、重点绩效评价和日常管理中发现问题较多、绩效水平不高、管理薄弱的项目予以重点监控，并逐步开展中央部门及其所属单位整体预算绩效监控。

（二）绩效监控内容

一是绩效目标完成情况。具体包括：①预计产出的完成进度及趋势，包括数量、质量、时效、成本等。②预计效果的实现进度及趋势，包括经济效益、社会效益、生态效益和可持续影响等。③跟踪服务对象满意度及趋势。

二是预算资金执行情况，包括预算资金拨付情况、预算执行单位实际支出情况以及预计结转结余情况。

三是重点政策和重大项目绩效延伸监控。必要时，可对重点政策和重大项目支出具体工作任务开展、发展趋势、实施计划调整等情况进行延伸监控。具体内容包括：政府采购、工程招标、监理和验收、信息公示、资产管理以及有关预算资金会计核算等。

四是其他情况。除上述内容外，其他需要实施绩效监控的内容。

四、预算绩效监控的方式和流程

（一）绩效监控方式

绩效监控采用目标比较法，用定量分析和定性分析相结合的方式，将绩效实现情况与预期绩效目标进行比较，对目标完成、预算执行、组织实施、资金管理等情况进行分析评判。

绩效监控包括及时性、合规性和有效性监控。及时性监控重点关注上年结转资金较大、当年新增预算且前期准备不充分，以及预算执行环境发生重大变化等情况。合规性监控重点关注相关预算管理制度落实情况、项目预算资金使用过程中的无预算开支、超预算开支、挤占挪用预算资金、超标准配置资产等情况。有效性监控重点关注项目执行是否与绩效目标一致、执行效果能否达到预期等。

绩效监控工作是全流程的持续性管理，具体采取中央部门日常监控和财政部定期监控相结合的方式开展。对科研类项目可暂不开展年度中的绩效监控，但应在实施期内结合项目检查等方式强化绩效监控，更加注重项目绩效目标实现程度和可持续性。条件具备时，财政部门对中央部门预算绩效运行情况开展在线监控。

（二）绩效监控工作流程

每年8月，中央部门要集中对1～7月预算执行情况和绩效目标实现程度开展一次绩效监控汇总分析，具体工作程序如下。

一是收集绩效监控信息。预算执行单位对照批复的绩效目标，以绩效目标执行情况为重点，收集绩效监控信息。

二是分析绩效监控信息。预算执行单位在收集上述绩效信息的基础上，对偏离绩效目标的原因进行分析，对全年绩效目标完成情况进行预计，并对预计年底不能完成目标的原因及拟采取的改进措施作出说明。

三是填报绩效监控情况表。预算执行单位在分析绩效监控信息的基础上填写《中央部门项目支出绩效目标执行监控表》（见表4-2），并作为年度预算执行完成后绩效评价的依据。

四是报送绩效监控报告。中央部门年度集中绩效监控工作完成后，及时总结经验、发现问题并提出下一步改进措施，形成本部门绩效监控报告，将所有一级项目《中央部门项目支出绩效目标执行监控表》于8月31日前报送财政部对口部门司和预算司。

五、预算绩效监控的结果应用

绩效监控结果作为以后年度预算安排和政策制定的参考，绩效监控工作情况作为中央部门预算绩效管理工作考核的内容。

中央部门通过绩效监控信息，深入分析预算执行进度慢、绩效水平不高的具体原因，对绩效监控中发现的绩效目标执行偏差和管理漏洞，应及时采取分类处置措施予以纠正。

一是对于因政策变化、突发事件等客观因素导致预算执行进度缓慢或预计无法实现绩效目标的，要本着实事求是的原则，及时按程序调减预算，并同步调整绩效目标。

表 4-2　　中央部门项目支出绩效目标执行监控表

项目名称				
主管部门及代码		实施单位		
项目资金（万元）		年初预算数	1 ~ 7 月执行数	全年预计执行数
	年度资金总额：			
	其中：本年一般公共预算拨款			
	其他资金			
年度总体目标				

绩效指标	一级指标	二级指标	三级指标	年度指标值	1 ~ 7 月执行情况	全年预计完成情况	偏差原因分析						完成目标可能性			备注
							经费保障	制度保障	人员保障	硬件条件保障	其他	原因说明	确定能	有可能	完全不可能	
	产出指标	数量指标														
		质量指标														
		时效指标														
		成本指标														
		……														

续表

项目名称																
绩效指标	效益指标	经济效益指标														
		社会效益指标														
		生态效益指标														
		可持续影响指标														
		……														
	满意度指标	服务对象满意度指标														
		……														

二是对于绩效监控中发现严重问题的，如预算执行与绩效目标偏离较大、已经或预计造成重大损失浪费或风险等情况，应暂停项目实施，相应按照有关程序调减预算并停止拨付资金，及时纠偏止损。已开始执行的政府采购项目，应当按照相关程序办理。

财政部加强绩效监控结果应用，对中央部门绩效监控结果进行审核分析，对发现的问题和风险进行研判，督促相关部门改进管理，确保预算资金安全有效，保障党中央、国务院重大战略部署和政策目标如期实现。

对绩效监控过程中发现的财政违法行为，依照《中华人民共和国预算法》《财政违法行为处罚处分条例》等有关法律法规追究责任，报送同级政府和有关部门作为行政问责参考依据；发现重大违法违纪问题线索，及时移送纪检监察机关。

第四节 绩效评价实施

一、绩效评价的内涵

绩效评价，是指财政部门和预算部门（单位）（以下简称“预算部门”）根据设定的绩效目标，运用科学、合理的绩效评价指标、评价标准和评价方法，对财政支出的经济性、效率性、效益性和公平性进行客观、公正的测量、分析和评判。财政支出绩效评价是预算绩效管理的核心。预算执行结束后，要及时对预算资金的产出和结果进行绩效评价，重点评价产出和结果的经济性、效率性和效益性。

绩效评价分为单位自评、部门评价和财政评价三种方式。单位自评是指预算部门组织部门本级和所属单位对预算批复的项目绩效目标完成情况进行自我评价。部门评价是指预算部门根据相关要求，运用科学、合理的绩效评价指标、评价标准和方法，对本部门的项目组织开展的绩效评价。财政评价是财政部门对预算部门的项目组织开展的绩效评价。

绩效评价期限包括年度、中期及项目实施期结束后；对于实施期 5 年及以上的项目，应适时开展中期和实施期结束后绩效评价。

二、绩效评价的主体

各级财政部门和各预算部门是绩效评价的主体。预算部门，是指与财政部门有预算缴拨款关系的国家机关、政党组织、事业单位、社会团体和其他独立核算的法人组织。各部门按照相关要求，开展部门项目资金和部门整体支出的自评工作，撰写财政支出绩效评价报告，报同级财政部门。财政支出绩效评价报告旨在总结部门工作成效的同时，客观反映预算资金安排使用等方面存在的问题，着力促进部门破除体制机制障碍，加强支出管理，合理配置预算资金等资源，提升预算绩效管理水平和整体工作效能。

三、绩效评价的原则

绩效评价应当遵循以下基本原则。①科学公正。绩效评价应当运用科学合理的方法，按照规范的程序，对项目绩效进行客观、公正的反映。②统筹兼顾。单位自评、部门评价和财政评价应职责明确，各有侧重，相互衔接。单位自评应由项目单位自主实施，即“谁支出、谁自评”。部门评价和财政评价应在单位自评的基础上开展，必要时可委托第三方机构实施。③激励约束。绩效评价结果应与预算安排、政策调整、改进管理实质性挂钩，体现奖优罚劣和激励相容导向，有效要安排、低效要压减、无效要问责。④公开透明。绩效评价结果应依法依规公开，并自觉接受社会监督。

四、绩效评价的依据

绩效评价的主要依据包括：①国家相关法律法规和规章制度；②党中央、国务院重大决策部署，经济社会发展目标，地方各级党委和政府重点任务要求；③部门职责相关规定；④相关行业政策、行业标准及专业技术规范；⑤预算管理制度及办法，项目及资金管理办法、财务和会计资料；⑥项目设立的政策依据和目标，预算执行情况，年度决算报告、项目决算或验收报告等相关材料；⑦本级人大审查结果报告、审计报告及决定，财政监督稽核报告等；⑧其他相关资料。

五、绩效评价的对象

绩效评价的对象包括纳入政府预算管理的资金和纳入部门预算管理的资金。按照预算级次，可分为本级部门预算管理的资金和上级政府对下级政府的转移支付资金。

部门预算支出绩效评价，包括基本支出绩效评价、项目支出绩效评价和部门整体支出绩效评价。绩效评价应当以项目支出为重点，重点评价一定金额以上、与本部门职能密切相关、具有明显社会影响和经济影响的项目。有条件的地方可以对部门整体支出进行评价。

上级政府对下级政府的转移支付包括一般性转移支付和专项转移支付。一般性转移支付，原则上应当重点对贯彻中央重大政策出台的转移支付项目进行绩效评价；专项转移支付，原则上应当以对社会、经济发展和民生有重大影响的支出为重点进行绩效评价。

对于项目支出，单位自评的对象包括纳入政府预算管理的所有项目支出。部门评价对象应根据工作需要，优先选择部门履职的重大改革发展项目，随机选择一般性项目。原则上应以5年为周期，实现部门评价重点项目全覆盖。财政评价对象应根据工作需要，优先选择贯彻落实党中央、国务院重大方针政策和决策部署的项目，以及覆盖面广、影响力大、社会关注度高、实施期长的项目。对重点项目应周期性组织开展绩效评价。

六、绩效评价的内容

单位自评的内容主要包括项目总体绩效目标、各项绩效指标完成情况以及预算执行情况。对未完成绩效目标或偏离绩效目标较大的项目要分析并说明原因，研究并提出改进措施。

财政评价和部门评价的内容主要包括：①决策情况；②资金管理和使用情况；③相关管理制度、办法的健全性及执行情况；④实现的产出情况；⑤取得的效益情况；⑥其他相关内容。

七、绩效评价的指标体系

绩效评价指标，是指衡量绩效目标实现程度的考核工具。

单位自评指标，是指预算批复时确定的绩效指标，包括项目的产出数量、质量、时效、成本，以及经济效益、社会效益、生态效益、可持续影响、服务对象满意度等。

单位自评指标的权重由各单位根据项目实际情况确定。原则上预算执行率和一级指标权重统一设置为：预算执行率10%、产出指标50%、效益指标30%、服务对象满意度指标10%。如有特殊情况，一级指标权重可做适当调整。二、三级指标应当根据指标重要程度、项目实施阶段等因素综合确定，准确反映项目的产出和效益。

财政评价和部门评价指标的确定应当符合以下要求：与评价对象密切相关，全面反映项目决策、项目和资金管理、产出和效益；优先选取最具代表性、最能直接反映产出和效益的核心指标，精简实用；指标内涵应当明确、具体、可衡量，数据及佐证资料应当可采集、可获得；同类项目绩效评价指标和标准应具有一致性，便于评价结果相互比较。

财政评价和部门评价指标的权重根据各项指标在评价体系中的重要程度确定，应当突出结果导向，原则上产出和效益指标权重不低于60%。同一评价对象处于不同实施阶段时，指标权重应体现差异性，其中，实施期间的评价更加注重决策、过程和产出，实施期结束后的评价更加注重产出和效益。

绩效评价标准通常包括计划标准、行业标准、历史标准等，用于对绩效指标完成情况进行比较。

（1）计划标准，指以预先制定的目标、计划、预算、定额等作为评价标准。

（2）行业标准，指参照国家公布的行业指标数据制定的评价标准。

（3）历史标准，指参照历史数据制定的评价标准，为体现绩效改进的原则，在可实现的条件下应当确定相对较高的评价标准。

（4）财政部门和预算部门确认或认可的其他标准。

八、绩效评价的方法

（一）单位自评绩效评价方法

单位自评采用定量评价与定性评价相结合的比较法，总分由各项指标得分汇总形成。

定量指标得分按照以下方法评定：与年初指标值相比，完成指标值的，记该指标所赋全部分值；对完成值高于指标值较多的，要分析原因，如果是由年初指标值设定明显偏低造成的，要按照偏离度适度调减分值；未完成指标值的，按照完成值与指标值的比例记分。

定性指标得分按照以下方法评定：根据指标完成情况分为达成年度指标、部分达成年度指标并具有一定效果、未达成年度指标且效果较差三档，分别按照该指标对应分值区间 100% ~ 80%（含）、80% ~ 60%（含）、60% ~ 0 合理确定分值。

（二）财政和部门绩效评价方法

财政和部门评价的方法主要包括成本效益分析法、比较法、因素分析法、最低成本法、公众评判法、标杆管理法等。根据评价对象的具体情况，可采用一种或多种方法。

具体绩效评价方法包括：①成本效益分析法，是指将投入与产出、效益进行关联性分析的方法；②比较法，是指将实施情况与绩效目标、历史情况、不同部门和地区同类支出情况进行比较的方法；③因素分析法，是指综合分析影响绩效目标实现、实施效果的内外部因素的方法；④最低成本法，是指在绩效目标确定的前提下，成本最小者为优的方法；⑤公众评判法，是指通过专家评估、公众问卷及抽样调查等方式进行评判的方法；⑥标杆管理法，是指以国内外同行业中较高的绩效水平为标杆进行评判的方法；⑦其他评价方法。

绩效评价结果采取评分和评级相结合的方式，具体分值和等级可根据不同评价内容设定。总分一般设置为 100 分，等级一般划分为四档：90（含）~ 100 分为优、80（含）~ 90 分为良、60（含）~ 80 分为中、60 分以下为差。

九、绩效评价的组织管理

财政部门负责拟定绩效评价制度办法，指导本级各部门和下级财政部门开展绩效评价工作；会同有关部门对单位自评和部门评价结果进行抽查复核，督促部门充分应用自评和评价结果；根据需要组织实施绩效评价，加强评价结果反馈和应用。

各部门负责制定本部门绩效评价办法，组织部门本级和所属单位开展自评工作，汇总自评结果，加强自评结果审核和应用；具体组织实施部门评价工作，加强评价结果反馈和应用。积极配合财政评价工作，落实评价整改意见。

部门本级和所属单位按照要求具体负责自评工作，对自评结果的真实性和准确性负责，自评中发现的问题要及时进行整改。

十、绩效评价的工作程序

财政和部门绩效评价工作主要包括以下环节：①确定绩效评价对象和范围；②下达绩效评价通知；③研究制订绩效评价工作方案；④收集绩效评价相关数据资料，并进行现场调研、座谈；⑤核实有关情况，分析形成初步结论；⑥与被评价部门（单位）交换意见；⑦综合分析并形成最终结论；⑧提交绩效评价报告；⑨建立绩效评价档案。

财政和部门绩效评价根据需要可委托第三方机构或相关领域专家（以下简称第三方，主要是指与资金使用单位没有直接利益关系的单位和个人）参与，并加强对第三方的指导，对第三方工作质量进行监督管理，推动提高评价的客观性和公正性。

部门委托第三方开展绩效评价的，要体现委托人与项目实施主体相分离的原则，一般由主管财务的机构委托，确保绩效评价的独立、客观、公正。

十一、绩效评价报告

财政资金具体使用单位应当提交绩效自评报告。绩效自评报告应当包括以下主要内容：①基本情况，包括预算部门职能、事业发展规划、预决算情况、项目立项依据等；②绩效目标及其设立依据和调整情况；③管理措施及组织实施情况；④总结分析绩效目标完成情况；⑤说明未完成绩效目标及其原因；⑥下一步改进工作的意见及建议。

财政部门和预算部门开展绩

效评价并撰写绩效评价报告。绩效评价报告应当包括以下 7 个主要内容：①基本情况；②绩效评价工作开展情况；③综合评价情况及评价结论（附相关评分表）；④绩效评价指标分析；⑤主要经验及做法、存在的问题及原因分析；⑥有关建议；⑦其他需要说明的问题。

单位自评的结果主要通过项目支出绩效自评表的形式反映，做到内容完整、权重合理、数据真实、结果客观。财政评价和预算部门评价结果主要以绩效评价报告的形式体现，绩效评价报告应当依据充分、分析透彻、逻辑清晰、客观公正。绩效评价工作和结果应依法自觉接受审计监督。

专栏 4-5 中央部门项目支出绩效自评

（一）中央部门项目绩效自评的基本原则

1.履行部门主体责任

中央各部门是本部门预算资金绩效管理的责任主体，要加强对本部门及所属预算单位绩效自评的组织管理，对绩效自评结果的真实性、及时性负责。

2.实现绩效自评全覆盖

中央部门按照2017年、2018年中央部门预算编制工作要求和《中央部门预算绩效目标管理办法》（财预〔2015〕88号）规定，组织对本部门及所属预算单位的所有一级项目、二级项目开展绩效自评，确保绩效自评覆盖率达到100%。

3.确保评价真实客观

中央各部门对照年初预算设定的绩效目标及指标值，对应填报年度实际完成值。绩效自评要实事求是，确保数据准确、分值合理、结果客观，严禁刻意抬高分数、弄虚作假。

（二）绩效自评的内容与方法

项目绩效自评采取打分评价的形式，满分为100分。一级指标权重统一设置为：产出指标50分、效益指标30分、服务对象满意度指标10分、预算资金执行率10分。如有特殊情况，上述权重可做适当调整，但加总后应等于100%。各部门根据各项指标重要程度确定项目的二级绩效指标和三级绩效指标的权重。

项目支出绩效自评的得分评定方法分为两类：一是定量指标。完成指标值的，记该指标所赋全部分值；未完成的，按照完成值在指标值中所占比例记分。二是定性指标。根据指标完成情况分为达成预期指标、部分达成预期指标并具有一定效果、未达成预期指标且效果较差三档，分别按照该指标对应分值区间100%~80%（含）、80%~60%（含）、60%~0合理确定分值。各项绩效指标得分汇总成该项目自评的总分。

（三）绩效自评结果审核

中央各部门要对本级项目和所属预算单位项目的绩效自评结果进行审核，保证绩效自评结果真实客观。同时，积极推动绩效自评结果应用，将其作为本部门改进管理和预算安排的重要依据。财政部会同审计署建立自评结果抽查机制，进一步加大向全国人大和向社会公开的力度。

自评工作结束后，中央各部门对本部门项目支出绩效自评工作进行总结。工作总结主要包括：自评工作开展情况的简要说明，一级项目和二级项目绩效自评金额、个数、覆盖率，主要经验和存在问题，以及下一步工作措施、建议等内容（见表1）。

表 1

项目支出绩效自评表

（　　年度）

<table>
<tr><td colspan="2">项目名称</td><td colspan="12"></td></tr>
<tr><td colspan="2">主管部门</td><td colspan="5"></td><td colspan="2">实施单位</td><td colspan="5"></td></tr>
<tr><td colspan="2" rowspan="5">项目资金
（万元）</td><td colspan="2"></td><td>年初预算数</td><td colspan="2">全年预算数</td><td colspan="2">全年执行数</td><td colspan="2">分值</td><td colspan="2">执行率</td><td>得分</td></tr>
<tr><td colspan="2">年度资金总额</td><td></td><td colspan="2"></td><td colspan="2"></td><td colspan="2">10</td><td colspan="2"></td><td></td></tr>
<tr><td colspan="2">其中：当年财政拨款</td><td></td><td colspan="2"></td><td colspan="2"></td><td colspan="2">—</td><td colspan="2">—</td><td></td></tr>
<tr><td colspan="2">上年结转资金</td><td></td><td colspan="2"></td><td colspan="2"></td><td colspan="2">—</td><td colspan="2">—</td><td></td></tr>
<tr><td colspan="2">其他资金</td><td></td><td colspan="2"></td><td colspan="2"></td><td colspan="2">—</td><td colspan="2">—</td><td></td></tr>
<tr><td rowspan="2">年度总体目标</td><td colspan="6">预期目标</td><td colspan="7">实际完成情况</td></tr>
<tr><td colspan="6"></td><td colspan="7"></td></tr>
<tr><td rowspan="10">绩效指标</td><td>一级指标</td><td>二级指标</td><td colspan="3">三级指标</td><td>年度
指标值</td><td>实际
完成值</td><td colspan="2">分值</td><td colspan="2">得分</td><td colspan="2">偏差原因分析
及改进措施</td></tr>
<tr><td rowspan="9">产出指标</td><td rowspan="3">数量指标</td><td colspan="3">指标 1：</td><td></td><td></td><td colspan="2"></td><td colspan="2"></td><td colspan="2"></td></tr>
<tr><td colspan="3">指标 2：</td><td></td><td></td><td colspan="2"></td><td colspan="2"></td><td colspan="2"></td></tr>
<tr><td colspan="3">……</td><td></td><td></td><td colspan="2"></td><td colspan="2"></td><td colspan="2"></td></tr>
<tr><td rowspan="3">质量指标</td><td colspan="3">指标 1：</td><td></td><td></td><td colspan="2"></td><td colspan="2"></td><td colspan="2"></td></tr>
<tr><td colspan="3">指标 2：</td><td></td><td></td><td colspan="2"></td><td colspan="2"></td><td colspan="2"></td></tr>
<tr><td colspan="3">……</td><td></td><td></td><td colspan="2"></td><td colspan="2"></td><td colspan="2"></td></tr>
<tr><td rowspan="3">时效指标</td><td colspan="3">指标 1：</td><td></td><td></td><td colspan="2"></td><td colspan="2"></td><td colspan="2"></td></tr>
<tr><td colspan="3">指标 2：</td><td></td><td></td><td colspan="2"></td><td colspan="2"></td><td colspan="2"></td></tr>
<tr><td colspan="3">……</td><td></td><td></td><td colspan="2"></td><td colspan="2"></td><td colspan="2"></td></tr>
</table>

续表

项目名称								
绩效指标	产出指标	成本指标	指标 1：					
			指标 2：					
			……					
	效益指标	经济效益指标	指标 1：					
			指标 2：					
			……					
		社会效益指标	指标 1：					
			指标 2：					
			……					
		生态效益指标	指标 1：					
			指标 2：					
			……					
		可持续影响指标	指标 1：					
			指标 2：					
			……					
	满意度指标	服务对象满意度指标	指标 1：					
			指标 2：					
			……					
总分						100		

第五节 绩效评价结果反馈与应用管理

一、绩效评价结果反馈和应用管理

（一）绩效评价结果反馈

各部门应当按照要求，随同部门决算向本级财政部门报送绩效自评结果。部门和单位应切实加强自评结果的整理、分析，将自评结果作为本部门、本单位完善政策和改进管理的重要依据。对预算执行率偏低、自评结果较差的项目，要单独说明原因，提出整改措施。

财政部门和预算部门应在绩效评价工作完成后，及时将评价结果反馈给被评价部门（单位），并明确整改时限；被评价部门（单位）应当按要求向财政部门或主管部门报送整改落实情况。

（二）评价结果应用管理

各部门应按要求将部门评价结果报送本级财政部门，评价结果作为本部门安排预算、完善政策和改进管理的重要依据；财政评价结果作为安排政府预算、完善政策和改进管理的重要依据。原则上，对评价等级为优、良的，根据情况予以支持；对评价等级为中、差的，要完善政策、改进管理，根据情况核减预算。对不进行整改或整改不到位的，根据情况相应调减预算或整改到位后再予安排。

专栏 4-6 OECD 国家预算绩效管理的激励约束政策组合

鉴于预算绩效管理的特定性，制定适当的激励约束措施十分必要。各国经常采用的激励约束组合措施包括以下三类。

一是资金奖励和处罚。将资金奖励与项目产出、目标实现程度、机构能力建设直接挂钩，对于达到既定目标、绩效水平提高或机构能力建设成果显著的支出部门，直接给予资金奖励。北欧国家在高等教育、医疗保健领域广泛使用这种方式。但这种方式存在一定弊端，如引起利益相关方的博弈、降低公共服务质量、难以控制整体支出等。

二是增加或减少财务和管理的灵活度。一些国家在预算绩效管理中，对绩效良好的支出单位，增加灵活度；对绩效差的，减少灵活度；对于屡教不改的，则增加监督和控制。如：英国对绩效优良的地方政府减少检查和管理规制，美国对一些绩效差的学校责令减少员工，直至关门。

三是绩效信息公开。进入21世纪，各国政府公开的预算绩效信息大量增加，如政府层面的绩效报告、学校和医院的排名表（英国）以及标杆管理情况（澳大利亚的州际绩效比较）等，虽然质量参差不齐，但公开信息能给绩效落后者施加压力，使同业服务提供者之间形成竞争，进一步提高绩效。

资料来源：财政部预算司："预算绩效管理国际发展趋势"，载于《中国财经报》，2019年7月6日"绩效新时代"专刊。

二、绩效信息公开和行政问责

（一）绩效信息公开

加强预算绩效信息发布管理制度建设，完善绩效信息公开机制。绩效评价结果应当按照政府信息公开有关规定，在一定范围内公开。将绩效评价结果向同级人民政府报告，为政府决策提供参考，并作为实施行政问责的重要依据。逐步提高绩效评价结果的透明度，将绩效评价结果，尤其是一些社会关注度高、影响力大的民生项目和重点项目支出绩效情况，依法向社会公开，接受社会监督。

各级财政部门、预算部门应当按照要求，将绩效评价结果分别编入政府决算和本部门决算，报送本级人民代表大会常务委员会，并依法予以公开。

（二）行政问责与法律责任

实施结果奖惩和行政问责。建立绩效管理工作考核和结果通报、约谈制度，研究将预算绩效管理工作考核结果纳入地区和部门工作目标考核范畴，作为评价地区和部门工作的重要依据，作为领导班子和领导干部综合考评的重要内容，逐步建立绩效行政问责机制。

“陟罚臧否，不宜异同。”小账本以为，不论谁使用财政资金，绩效越好的肯定越棒。到此为止，从预算管理到绩效预算的开展，从预算绩效管理到一体化闭环的理论部分说完了，大家学习得怎么样？下一章让我们看几个案例吧。

对使用财政资金严重低效无效并造成重大损失的责任人，要按照相关规定追责问责。对绩效评价过程中发现的资金使用单位和个人的财政违法行为，依照《中华人民共和国预算法》《财政违法行为处罚处分条例》等有关规定追究责任；发现违法违纪问题线索的，应当及时移送纪检监察机关。

各级财政部门、预算部门（单位）及其工作人员在绩效评价管理工作中存在违规行为，以及其他滥用职权、玩忽职守、徇私舞弊等违法违纪行为的，依照《中华人民共和国预算法》《中华人民共和国公务员法》《中华人民共和国监察法》《财政违法行为处罚处分条例》等国家有关规定追究相应责任；涉嫌犯罪的，依法移送司法机关处理。

第五章 预算绩效管理典型案例

第一节 国家农业综合开发产业化发展项目预算评审案例

一、总体思路及评审依据

（一）总体思路

国家农业综合开发产业化发展项目由广东省财政厅（以下简称“省财政厅”）负责组织评审。项目评审将采用材料审核和实地考察相结合的方式进行，并在此基础上进行综合评价，形成项目评审意见。平远县的“5万吨优质粮食现代仓储流通扩建项目”调整变更为“果蔬加工及冷链配送项目”，按新项目评审程序进行评估；博罗县2个项目属调整项目部分建设内容，不进行量化评分，仅参照《国家农业综合开发产业发展项目区评审工作方案》中材料审核意见表里的评审内容及实地考察情况进行评审，并出具省级评审意见表。

项目评审结论分为“可行”和“不可行”。

（二）评审依据

一是《国家农业综合开发资金和项目管理办法》（财政部令第 84 号）、《广东省农业综合开发专项资金管理办法》（粤财农综〔2014〕23 号）。二是与项目申报有关的政策文件，包括《国家农业综合开发办公室关于做好 2017 年国家农业综合开发产业化发展项目申报工作的通知》（国农办〔2016〕46 号）、《关于印发〈广东省农业综合开发产业化发展项目指引（2018—2020 年）〉的通知》（粤财农综〔2017〕15 号）。三是《国家农业综合开发办公室关于加强和规范农业综合开发项目评审工作的指导意见》（国农办〔2017〕3 号）。四是与项目相关的国家法律法规和行业规范。此外，评审依据还包括《国家农业综合开发产业发展项目区评审工作方案》。

二、评审程序安排

（一）评审准备阶段

1. 收集项目资料

根据评审任务，收集项目资料以及与项目申报、评审等有关的依据文件。

2. 制订评审计划

根据项目类别及特点等，结合实际，拟订评审工作思路、评审程序安排、评审内容及标准等。

3. 抽选评审专家

根据项目评审任务要求，确定参加项目评审的专家及人数，按照有关规定，以随机方式从省财政厅专家库中抽取专家。

4. 组织专家培训

对抽中参与评审的专家进行政策和业务培训，讲解评审有关政策和任务，强调评审责任和纪律。

（二）项目评审阶段

1. 材料审核

评审专家对项目申报材料进行审核评议，一是专家个人独立审核；二是专家组进行集中评议。

2. 实地考察

评审专家对项目进行实地考察，一是听取市、县农发机构及申报单位汇报，了解项目基本情况；二是实地查勘项目现状及规划建设情况，核实项目真实性和规划方案科学性等。

3. 综合评价

评审专家综合材料审核和实地考察情况，作出项目“可行”或“不可行”的结论。

（三）评审完成阶段

1. 整理意见

专家整理项目评审意见，填写完成有关表格，经复核后进行签名确认，对评审意见负责。

2. 提交结论

评审组将项目评审意见相关表格提交省财政厅。

3. 结果公开

根据有关规定，评审结果将在省财政厅政务信息网进行公开，接受社会监督。

4. 意见反馈

项目评审意见由省财政厅统一反馈。

省财政厅将结合实际，确定评审工作具体日程安排和进度。

三、评审内容及标准

（一）评审内容

根据材料审核和实地考察不同特点，分别确定不同环节重点评审内容，逐项进行评分或填写评审意见。

材料审核内容主要包括项目建设必要性、申报项目合规性、建设方案可行性、投资方案可靠性、效益分析合理性、申报材料规范性等。

实地考察内容主要包括项目及申报单位基本情况、建设用地及环境评价等相关手续完备性及真实性，以及对材料审核有关内容进行复核等。

（二）评审标准

项目存在以下情况的，将评为“不可行”：

（1）评审意见表中明确应评为“不可行”的情形；

（2）项目单位在项目现场、申报材料及图纸、财务资料及有关证照资料等方面存在弄虚作假的；

（3）项目单位对评审工作不配合的；

（4）项目单位存在违反廉政纪律及严重违规违纪行为的；

（5）应评为“不可行”的其他情形。

项目评审具体内容及标准等详见评审意见表（见下页附件）。

（三）综合结论

材料审核和实地考察意见互为补充。当材料审核和实地考察意见出现不一致时，专家应根据实际情况，在实地考察意见和综合评议意见中进行修正，科学合理地确定项目评审结论。

附件：项目评审意见相关表格（共4张）

广东省国家农业综合开发项目省级评审意见表

年　月

<table>
<tr><td colspan="2">项目名称</td><td colspan="6"></td></tr>
<tr><td colspan="2">项目类型</td><td colspan="4"></td><td>项目年度</td><td></td></tr>
<tr><td colspan="8">评审意见
一、引言
二、项目条件相符性
三、项目方案合理性
四、申报材料评价
五、存在问题及建议
六、综合结论

附：1. 广东省农业综合开发产业化发展项目材料审核意见表
　　2. 广东省国家农业综合开发项目实地考察意见表</td></tr>
<tr><td rowspan="7">评审专家</td><td>姓名</td><td>工作单位</td><td>专业</td><td>职称</td><td>电话号码</td><td>身份证号码</td><td>签名</td></tr>
<tr><td></td><td></td><td></td><td></td><td></td><td></td><td></td></tr>
<tr><td></td><td></td><td></td><td></td><td></td><td></td><td></td></tr>
<tr><td></td><td></td><td></td><td></td><td></td><td></td><td></td></tr>
<tr><td></td><td></td><td></td><td></td><td></td><td></td><td></td></tr>
<tr><td></td><td></td><td></td><td></td><td></td><td></td><td></td></tr>
<tr><td></td><td></td><td></td><td></td><td></td><td></td><td></td></tr>
</table>

广东省农业综合开发产业化发展项目材料审核意见表

项目名称：

项目单位：　　　　　　　　年　月

审核内容	相关政策及要求	分值	审核评分标准	审核选项	审核评分	审核意见（问题及建议）
项目建设必要性	项目能够合理配置和有效利用资源，促进区域经济和社会发展，符合国家有关法律法规、产业政策和农业综合开发建设目标，当地政府和农民群众积极性高	10	A. 符合相关要求，8 ~ 10 分 B. 基本符合相关要求，5 ~ 7 分 C. 建设必要性不强，政府和群众积极性不高，1 ~ 4 分 D. 不符合国家有关法律法规、产业政策和农业综合开发建设目标，以及当地政府和群众不支持，项目不可行			
申报项目合规性	项目符合相关规划、市场准入条件。项目单位管理制度和经营机制、财务状况、诚信记录等符合立项规定，项目资源优势突出，区域特色明显，土地流转或建设用地手续合法，符合生态环境保护和资源节约利用要求	20	A. 符合合规性要求，16 ~ 20 分 B. 基本符合合规性要求，11 ~ 15 分 C. 项目单位管理制度、经营机制、财务状况等情况较差，资源无优势，1 ~ 10 分 D. 土地流转或建设用地不合法，以及不符合生态环保和资源节约利用要求，项目不可行			
建设方案可行性	项目技术路线科学，工艺流程可行，设备选型配套，环保节能措施有效 建设内容符合要求，且内容具体、明细	20	A. 符合有关要求，16 ~ 20 分 B. 基本符合相关要求，11 ~ 15 分 C. 建设方案可行性和有效性较差，1 ~ 10 分 D. 总体方案不可行或大部分建设内容不具有可行性，项目不可行			

续表

审核内容	相关政策及要求	分值	审核评分标准	审核选项	审核评分	审核意见（问题及建议）
投资方案可靠性	项目投资估算准确，资金投向合理，资金筹措方案可行，财政资金申请额度不高于自筹资金额度，自筹来源可靠	20	A. 符合要求，16 ~ 20 分 B. 基本符合要求，11 ~ 15 分 C. 资金来源比例不合理，造价及投资估算存在较多不合理情况，自筹资金来源可靠性一般，1 ~ 10 分 D. 投资估算严重不合理，或自筹资金难以保障，项目不可行			
效益分析合理性	项目建设预期的经济、社会、生态效益分析客观合理；项目实施后能明显带动农业增效和农民增收	15	A. 预期效益好，12 ~ 15 分 B. 预期效益较好，8 ~ 11 分 C. 预期效益较差，1 ~ 7 分 D. 预期效益差，对生态环境存在较大破坏作用，项目不可行			
申报材料规范性	申报材料文本格式规范，建设条件、规划布局、建设内容、投资估算和资金筹措、效益分析等主要章节和内容完整，论述充分，逻辑清晰；附件、附图（项目位置图、总平面布局图、主要建筑工程结构图）、附表齐全	15	A. 申报材料符合要求，且质量较高，12 ~ 15 分 B. 申报材料基本符合要求，编写质量一般，8 ~ 11 分 C. 申报材料规范性较差，存在较多内容不完整或论述不充分情况，1 ~ 7 分 D. 申报材料严重不规范或不完整，难以对相关内容进行审核，项目不可行			
综合意见及评分						—

续表

材料审核专家	姓名	工作单位	专业	职称	电话号码	签名

广东省国家农业综合开发项目实地考察意见表

年　月

<table>
<tr><td>项目名称</td><td colspan="6"></td></tr>
<tr><td>项目类型</td><td colspan="2"></td><td>项目年度</td><td colspan="3"></td></tr>
<tr><td colspan="7">考察意见
一、项目基本情况
二、项目及项目单位真实性
（考察项目的真实性；产业化项目考察项目单位经营管理、财务情况和自筹能力，以及建设用地、环境评价等相关手续完备性、真实性；土地治理项目考察现状图和规划图等相关信息的真实性、准确性）
三、材料审核意见复核情况
（复核申报材料规范性之外其他内容，提出补充、修正意见及评分修正建议）
四、主要问题
五、实地考察结论</td></tr>
<tr><td rowspan="4">考察专家</td><td>姓名</td><td>工作单位</td><td>专业</td><td>职称</td><td>电话号码</td><td>签名</td></tr>
<tr><td></td><td></td><td></td><td></td><td></td><td></td></tr>
<tr><td></td><td></td><td></td><td></td><td></td><td></td></tr>
<tr><td></td><td></td><td></td><td></td><td></td><td></td></tr>
</table>

广东省农业综合开发项目专家独立审核意见表

<table>
<tr><td>项目名称</td><td></td></tr>
<tr><td colspan="2">审核意见

审核专家（打印及签名）：　　　　　　年　　月　　日</td></tr>
</table>

注：专家审核意见要求明确、具体，表述完整，依据充分。

第二节 贫困白血病、先心病儿童救助项目案例

一、项目基本情况

（一）专项背景

据中国红十字会和中国青年政治学院青少年研究院联合调查，目前，医学界公认的儿童白血病的发病率为（4～6）/10万人。除白血病外，在儿童大病方面，还包括先天性心脏病（以下简称“先心病”）等。2012年由卫生部发布的《中国出生缺陷防治报告（2012）》中指出，先心病是我国新生儿发病率排名第一的高发疾病，也是5岁以下儿童死亡的首位原因，严重影响人口素质和生存质量。我国先心病综合发病率为8‰，每年新生先心病患儿15万～20万人，且农村发病率高于城市。

为救助更多的贫困大病患儿，从2009年起，中央专项彩票公益金开始支持“小天使基金”开展贫困白血病儿童救助项目。从2011年起又开始支持“天使阳光基金”开展贫困先心病儿童救助工作。

（二）2017年预算及内容

2017年项目预算批复总额为××××万元，其中99%的资金××××万元为项目资助款，主要用于资助符合条件的患儿，其中白血病儿童资助××××万元，先心病儿童资助××××万元；剩余1%的资金××××万元作为项目管理费，主要用于开

展项目管理、先心病筛查、支持地方红十字会项目执行等工作。

（三）项目年度绩效目标

资助 14 岁以下贫困白血病、先心病患儿进行治疗，2017 年已经资助贫困患儿 ×××× 名，帮助患儿继续治疗或完成手术，以缓解贫困家庭患儿医疗费用的沉重压力，减少因病致贫、因病返贫的家庭，促进和谐社会建设。项目 2017 年度绩效指标设定情况，如表 5-1 所示。

表 5-1　项目 2017 年度绩效指标设定情况表

一级指标	二级指标	三级指标	指标值
产出指标	数量指标	白血病资助人数	×××× 名
		先心病资助人数	×××× 名
	质量指标	先心病手术成功率	>95%
		受助患儿建档率	100%
	时效指标	资金到账率	100%
		省级红十字会回访率	100%
	成本指标	管理成本有效控制	总资金额度的 1%
效益指标	经济效益指标	资助款占救助患儿医疗费用比	白血病患儿医疗费用占比 10%～30%，先心病患儿医疗费用占比 10%～50%
	社会效益指标	先心病筛查及已受助患儿探访	每年不少于 2 个省
		社会募集资金	不少于 ××× 万元
	可持续影响指标	受助患儿家长对资金来源知晓率	>75%（受文化程度限制）
		媒体宣传报道	全国级媒体报道不少于 5 次
满意度指标	服务对象满意度指标	受助家长对医院服务满意度	>95%
		受助家长对红十字会工作满意度	>95%

二、绩效评价情况

（一）评价目的

通过评价，总结经验，发现问题，改进工作，进一步加强项目管理，提高财政资金的使用效益，为下一步预算资金安排及执行提供重要参考。

（二）评价依据

（1）《财政支出绩效评价管理暂行办法》（财预〔2011〕285号）。

（2）《预算绩效评价共性指标体系框架》（财预〔2013〕53号）。

（3）《关于做好2017年度中央部门项目支出绩效自评工作的通知》（财办预〔2017〕135号）。

（4）《关于规范绩效评价结果等级划分标准的通知》（财预便〔2017〕44号）。

（5）财政部批复的项目预算、项目预算调整说明及其他相关批复文件。

（6）预算部门职能职责、中长期发展规划及年度工作计划。

（7）项目申报书、项目绩效目标申报表、项目中长期计划等，财政部门预算批复，财政部门和预算部门年度预算执行情况，资金分配方案及使用计划，年度决算报告。

（8）相关预算管理制度、资金及财务管理办法、财务会计资料。

（9）项目绩效报告、项目工作总结等相关材料。

（三）评价指标体系

评价过程中，评价机构结合项目特点，对上述2017年度项目绩效指标进行了细化，形成了绩效评价指标体系（详见第191页附件）。指标体系总分值为100分，包括投入、过程、产出、效果4个一级指标，6个二级指标、18个三级指标、20个四级指标。投入指标（20分），主要评价项目立项程序、绩效目标设定、资金落实等情况。过程指标（25分），主要评价制度建设及执行、质量控制、资金使用管理、财务监控等情况。产出指标（25分），主要评价资助人数、资助质量、完成数量与质量等情况。效果指标（30分），主要评价项目救助患儿作用、项目信息公开机制建设、促进红十字事业发展以及受助患儿及家长满意度等情况。

（四）评价方法

本次绩效评价属于项目完成结果评价。评价专家组本着科学、规范、独立、客观、公正的原则，通过听取项目介绍、座谈询问、数据资源抽查、财务检查、绩效资料审查等多种方式，来掌握项目的执行情况和经费使用情况，并按照评价指标、评价标准和评价规则等，采用集中评议和独立评分相结合的方法，对投入、过程、产出和效果四个方面进行评价。根据专家的评分，汇总计算出各项指标的平均得分，汇总后得出项目综合评价得分，同时形成综合评价结论。

三、绩效评价指标分析

（一）项目投入情况分析

1. 立项情况分析

项目目标定位于救助贫困白血病、先心病患儿，缓解患儿家庭沉重压力，目标设定与当前我国客观实际需求相符合，与红十字会“弘扬人道、博爱、奉献的红十字精神，致力于改善人的生存与发展境况，保护人的生命与健康，促进世界和平与社会进步”的宗旨相一致，项目目标较科学、合理。

2. 资金落实情况分析

截至 2017 年底，项目预算资金已全部到位。红十字总会收到资金后，分 7 个批次将资金拨付至红十字会，资金到位足额。资金到位后，红十字会及时将资助款、项目执行费下拨至各省红十字会及定点医院。

（二）项目过程情况分析

1. 业务管理情况分析

该项目为“十二五”延续项目，2017 年，在红十字总会的指导下，红十字会继续负责项目统筹管理与实施，各省红十字会及定点医院协助执行，专家评审委员会负责对患儿的申请材料进行评审。总体上，项目组织机构健全，各方职责分工较明确，能够保证项目的有序实施。

2. 财务管理情况分析

一是制度建设。为加强彩票公益金项目资金管理，财政部于2011年专门印发了《中央专项彩票公益金支持红十字事业项目资金管理办法》（财社〔2011〕70号），办法对彩票公益金项目资金管理原则、要求、资金审批、预算编制、执行管理等方面进行了明确规定。

针对项目管理费，按照财政部严格缩减管理成本的要求，本项目的管理费严格控制在项目总金额的1%，所占比例较低。各省红十字会项目执行费的支出，也严格按照相关要求，对支出范围进行严格限制，且整体控制效果较好。

二是资金使用。项目2017年预算总额为×××××万元，截至2017年12月底，红十字会将×××××万元资金已全部执行完毕，预算执行率100%，具体情况，如表5-2所示。

表5-2　　项目预算执行情况

支出项目	预算批复数	实际支出数	差异数
一、白血病儿童救助			
二、先心病儿童救助			
三、项目管理工作			
1. 项目人员经费			
2. 会议费			
3. 红十字会实施项目管理费			
4. 红十字会地方执行费			
5. 开展“天使之旅”系列先心病筛查费用及已救助患儿探访活动			
6. 项目绩效考评			
合计			

（三）项目绩效情况分析

1. 项目产出情况

2017年，项目共资助××××名贫困患儿，其中白血病患儿××××人，先心病患儿××××人，资助款全部执行完毕。

白血病患儿救助方面，2017年资助的××××名患病儿童中，获得3万元资助的患儿有××××名，所占比重较大，达89.62%；获得5万元资助的患儿××××名，所占比例相对较小，为 7.95%；另有 165 名患儿往年度已获得 3 万元资助，2017 年完成移植手术补充资助 2 万元，所占比例为 2.95%。

先心病儿童救助方面，2017 年共资助 ×××× 名患病儿童，其中获得 0.5 万元资助的患儿有 ×× 名，所占比例为 4.99%；获得 1 万元资助的患儿有 ××× 名，所占比例为 12.31%；获得 1.5 万元资助的患儿有 ×××× 名，所占比例为 21.1%；获得 2 万元资助的患儿有 ××× 名，所占比例为 30.69%；获得 2.5 万元资助的患儿有 ××× 名，所占比例为 0.38%；获得 3 万元资助的患儿有 ××× 名，所占比例为 30.53%。可以看出，获得 2 万元及以上资助的人数较多，所占比重较大。

资助质量方面，《中国红十字基金会小天使基金资助管理办法》中规定，小天使基金用于向 0 ~ 14 周岁具有中国国籍、家庭贫困的白血病儿童提供医疗救助。在项目执行过程中，对于资助对象和资助金额的认定，均严格按照基金管理办法的规定进行。

总体上，2017 年项目评审频次同比增长 320%，资助款拨付频次同比增长 37.5%，资助量同比增长 21%，患儿排队待助时间缩短 75%，实现了“当年申请、当年获助”的资助目标。资助成本控制方面，针对项目管理费，按照财政部“十三五”期间严格缩减管理成本的要求，该项目的管理费继续严格控制在项目总金额的 1%。资助患儿在逐年增加，管理成本呈逐渐下降的趋势。

2. 项目实施效果情况

第一，社会效益。一是救助贫困白血病患儿，缓解患儿家庭压力。从 2009 年彩票公益金立项开始，累计资助白血病患儿 ×××× 人，其中 2017 年资助人数最多，达到 ×××× 人。据统计，随着国家财政逐年加大彩票公益金对项目投入力度，项目资助范围、规模也在逐渐扩大，2009—2017 年资助人数总体呈上升趋势，越来越多的贫困患儿能够及时获得资助，尤其是自 2016 年开始，患儿当年申请，当年就能获得资助，及时、有效地满足了患儿救助需求。

二是救助先心病患儿，有效挽救患儿生命。从2011年彩票公益金支持开始，累计共资助先心病患儿××××人，其中2017年资助人数最多，达××××人，资助金额××××万元。据统计，2017年先心病患儿资助人数较往年有较大幅度上升，较2016年增长60%，主要原因：一方面，2017年红十字会首次执行“申请资助三个月有效期”，提高了资助时效，使更多患儿受益；另一方面，11月追加财政资金1500万元，用于满足更多患儿的需求。

三是彩票公益金资源撬动作用有一定提升。为帮助更多贫困患儿获得救助，2017年红十字会采取相关措施，积极撬动更多的社会资金投入，共募集到社会资金××××万元，包括项目直接募集资金××××万元。通过天使明心先心病救助项目、共筑中国心先心病救助项目、天使云网络众筹白血病救助项目等，面向社会募集款物价值××××万元。

第二，可持续影响。一是继续发挥政府人道助手作用，有力补充政府医疗救助。二是获得社会广泛关注，促进“红十字”品牌社会影响力持续提升。通过彩票公益金项目实施，有效传播了红十字人道救助精神，提升了社会群体对贫困白血病、先心病患儿及其家庭的关注度。三是促进项目公信力提升。红十字会遵循《基金会信息公布办法》，向社会呈现相关制度信息及项目信息，并且制定了专门的信息披露制度。

第三，受助对象满意度。从已完成的回访工作情况看，总体上，受助患儿家长普遍对红十字会及红十字会工作的满意度较高。从本次对省级调研情况了解到，河南、湖南、安徽省红十字会项目负责人均与患儿家长通过电话、QQ、微信等方式保持沟通，患儿家长对地方红十字会工作表示满意，并寄送感谢信、锦旗等表达感谢。

四、综合评价情况及评价结论

2017年度彩票公益金贫困白血病、先心病儿童救助项目综合得分93.86分，项目综合绩效评定结论为“有效”。根据对项目投入、过程、产出、效果指标的计算，4 个指标得分分别为 19 分、24.3 分、24.9 分、25.66 分。

整体上，该项目投入、过程、产出及效果 4 个方面完成情况均较好，从前期项目立项及内容设计，到中期项目过程管理，以及后期项目产出、效果实现，均未出现较为薄弱管控环节或执行风险，项目总体执行情况较好，完成质量较高。各分项具体评价结论情况，如表 5-3 所示。

表 5-3 贫困白血病、先心病儿童救助项目绩效评价总体结论

评价内容	分值	评价得分	评价结论
项目投入	20	19	1. 项目申请、设立的程序均符合财政部对项目立项的相关要求，立项程序规范，立项论证充分合理 2. 项目的绩效目标与红十字会宗旨及使命、客观现实需求等一致，绩效指标设置应进一步予以完善 3. 项目资金均足额到达各级单位及受资助对象，资金从省级红十字会拨付至受资助对象层面比较及时，拨付效率较高
项目过程	25	24.3	1. 项目各级单位均成立了稳定的组织机构及人员，项目的管理制度较为健全，项目实施各方均严格按照管理办法的规定予以执行，并采取较为完备的措施对项目质量进行控制 2. 各省项目档案管理情况较好，资料较为规整、齐全，且按照资料类别进行单独建档 3. 项目资金的使用均符合国家财经法规、财务管理制度以及有关专项资金管理办法的规定，会计核算比较规范
项目产出	25	24.9	1. 项目的患儿资助工作均严格按照预期目标进行，资助对象及资助金额与项目管理办法均严格一致 2. 项目管理工作中有关督导、回访、定期抽查、项目总结分享会等内容均严格按照计划进行，各项工作的完成质量较好
项目效果	30	25.66	1. 项目的实施对挽救贫困白血病、先心病患儿生命，缓解患儿家庭压力方面起到了一定作用，彰显了中国红十字会作为政府人道助手作用，促进了红十字品牌的影响力及项目公信力的提升 2. 通过项目的实施、推广，对其他慈善组织起到了较好示范作用，但彩票公益金对社会募集资金的撬动作用仍需进一步增强 3. 受助患儿对项目实施满意度较高
合计	100	93.86	—

五、相关问题及建议

（一）需进一步发挥彩票公益金撬动作用

项目开展至今，实施该项目的资金几乎全部为政府支持的彩票公益金，撬动社会资金的杠杆效应还不够。

（二）需进一步加强回访跟踪管理工作

建议在地方红十字会对当年救助患儿的100%回访和社会监督巡视员抽样回访的基础上，加强对往年救助患儿的抽样回访；并且，每年针对白血病和先心病两个病种往年救助患儿抽样回访不少于500名，通过回访了解患儿救治及恢复现状，探求更多的人道需求。

（三）需进一步提高救助时效性和开通绿色通道

建议针对病情紧急、资金困窘的白血病、先心病患儿，在2017年探索与部分省份定点医院合作基础上，进一步加强与各省定点医院的合作，开通绿色通道，对家庭经济困难亟须救助患儿，由定点医院直接向红十字会提出申请，缩短审批流程，有效提高资助效率，及时救助贫困患儿，挽救患儿生命。

（四）需进一步完善资助范围，探索救助工作前置、延伸

一是拓展白血病救助的范围和病种。针对近年来遇到的不符合资助条件的其他患者需求情况，完善现有救助规则，在现有资源动员能力下，将小天使基金救助年龄由目前14周岁以下扩大到18周岁以下，同时将包括再生障碍性贫血在内的血液病等求助人数较多的其他疾病，也纳入彩票公益金救助范围，使更多患者能够获益。二是探索先心病患儿救助工作前置、延伸，提前预防。针对先心病患儿筛查、救助，将患儿救助工作往前延伸至孕期阶段，投入资金用于聘请该领域专家对县城医生开展专业培训，提高医生的排畸能力，缩小城市和农村医生诊断水平差距，做好产前排畸（产检）等预防性工作，从根源上解决先心病多发问题。

附《项目支出绩效评价报告》和《项目支出绩效评价指标体系框架》作为参考。

附：

项目支出绩效评价报告

（参考提纲）

一、基本情况

（一）项目概况。包括项目背景、主要内容及实施情况、资金投入和使用情况等。

（二）项目绩效目标。包括总体目标和阶段性目标。

二、绩效评价工作开展情况

（一）绩效评价目的、对象和范围。

（二）绩效评价原则、评价指标体系（附表说明）、评价方法、评价标准等。

（三）绩效评价工作过程。

三、综合评价情况及评价结论（附相关评分表）

四、绩效评价指标分析

（一）项目决策情况。

（二）项目过程情况。

（三）项目产出情况。

（四）项目效益情况。

五、主要经验及做法、存在的问题及原因分析

六、有关建议

七、其他需要说明的问题

项目支出绩效评价指标体系框架（参考）

一级指标	二级指标	三级指标	指标解释	指标说明
决策	项目立项	立项依据充分性	项目立项是否符合法律法规、相关政策、发展规划以及部门职责，用以反映和考核项目立项依据情况	评价要点：①项目立项是否符合国家法律法规、国民经济发展规划和相关政策；②项目立项是否符合行业发展规划和政策要求；③项目立项是否与部门职责范围相符，属于部门履职所需；④项目是否属于公共财政支持范围，是否符合中央、地方事权支出责任划分原则；⑤项目是否与相关部门同类项目或部门内部相关项目重复
		立项程序规范性	项目申请、设立过程是否符合相关要求，用以反映和考核项目立项的规范情况	评价要点：①项目是否按照规定的程序申请设立；②审批文件、材料是否符合相关要求；③事前是否已经过必要的可行性研究、专家论证、风险评估、绩效评估、集体决策
	绩效目标	绩效目标合理性	项目所设定的绩效目标是否依据充分，是否符合客观实际，用以反映和考核项目绩效目标与项目实施的相符情况	评价要点：（如未设定预算绩效目标，也可考核其他工作任务目标）①项目是否有绩效目标；②项目绩效目标与实际工作内容是否具有相关性；③项目预期产出效益和效果是否符合正常的业绩水平；④是否与预算确定的项目投资额或资金量相匹配
		绩效指标明确性	依据绩效目标设定的绩效指标是否清晰、细化、可衡量等，用以反映和考核项目绩效目标的明细化情况	评价要点：①是否将项目绩效目标细化分解为具体的绩效指标；②是否通过清晰、可衡量的指标值予以体现；③是否与项目目标任务数或计划数相对应

续表

一级指标	二级指标	三级指标	指标解释	指标说明
决策	资金投入	预算编制科学性	项目预算编制是否经过科学论证、有明确标准，资金额度与年度目标是否相适应，用以反映和考核项目预算编制的科学性、合理性情况	评价要点：①预算编制是否经过科学论证；②预算内容与项目内容是否匹配；③预算额度测算依据是否充分，是否按照标准编制；④预算确定的项目投资额或资金量是否与工作任务相匹配
		资金分配合理性	项目预算资金分配是否有测算依据，与补助单位或地方实际是否相适应，用以反映和考核项目预算资金分配的科学性、合理性情况	评价要点：①预算资金分配依据是否充分；②资金分配额度是否合理，与项目单位或地方实际是否相适应
过程	资金管理	资金到位率	实际到位资金与预算资金的比率，用以反映和考核资金落实情况对项目实施的总体保障程度	资金到位率 =（实际到位资金 / 预算资金）× 100% 实际到位资金：一定时期（本年度或项目期）内落实到具体项目的资金 预算资金：一定时期（本年度或项目期）内预算安排到具体项目的资金
		预算执行率	项目预算资金是否按照计划执行，用以反映或考核项目预算执行情况	预算执行率 =（实际支出资金 / 实际到位资金）× 100% 实际支出资金：一定时期（本年度或项目期）内项目实际拨付的资金
		资金使用合规性	项目资金使用是否符合相关的财务管理制度规定，用以反映和考核项目资金的规范运行情况	评价要点：①是否符合国家财经法规和财务管理制度以及有关专项资金管理办法的规定；②资金的拨付是否有完整的审批程序和手续；③是否符合项目预算批复或合同规定的用途；④是否存在截留、挤占、挪用、虚列支出等情况

续表

一级指标	二级指标	三级指标	指标解释	指标说明
过程	组织实施	管理制度健全性	项目实施单位的财务和业务管理制度是否健全，用以反映和考核财务及业务管理制度对项目顺利实施的保障情况	评价要点：①是否已制定或具有相应的财务和业务管理制度；②财务和业务管理制度是否合法、合规、完整
		制度执行有效性	项目实施是否符合相关管理规定，用以反映和考核相关管理制度的有效执行情况	评价要点：①是否遵守相关法律法规和相关管理规定；②项目调整及支出调整手续是否完备；③项目合同书、验收报告、技术鉴定等资料是否齐全并及时归档；④项目实施的人员条件、场地设备、信息支撑等是否落实到位
产出	产出数量	实际完成率	项目实施的实际产出数与计划产出数的比率，用以反映和考核项目产出数量目标的实现程度	实际完成率 =（实际产出数 / 计划产出数）×100% 实际产出数：一定时期（本年度或项目期）内项目实际产出的产品或提供的服务数量 计划产出数：项目绩效目标确定的在一定时期（本年度或项目期）内计划产出的产品或提供的服务数量
	产出质量	质量达标率	项目完成的质量达标产出数与实际产出数的比率，用以反映和考核项目产出质量目标的实现程度	质量达标率 =（质量达标产出数 / 实际产出数）×100% 质量达标产出数：一定时期（本年度或项目期）内实际达到既定质量标准的产品或服务数量 既定质量标准是指项目实施单位设立绩效目标时依据计划标准、行业标准、历史标准或其他标准而设定的绩效指标值

续表

一级指标	二级指标	三级指标	指标解释	指标说明
产出	产出时效	完成及时性	项目实际完成时间与计划完成时间的比较，用以反映和考核项目产出时效目标的实现程度	实际完成时间：项目实施单位完成该项目实际所耗用的时间 计划完成时间：按照项目实施计划或相关规定完成该项目所需的时间
	产出成本	成本节约率	完成项目计划工作目标的实际节约成本与计划成本的比率，用以反映和考核项目的成本节约程度	成本节约率 =[（计划成本 – 实际成本）/ 计划成本]× 100% 实际成本：项目实施单位如期、保质、保量完成既定工作目标实际所耗费的支出 计划成本：项目实施单位为完成工作目标计划安排的支出，一般以项目预算为参考
效益	项目效益	实施效益	项目实施所产生的效益	项目实施所产生的社会效益、经济效益、生态效益、可持续影响等。可根据项目实际情况有选择地设置和细化
		满意度	社会公众或服务对象对项目实施效果的满意程度	社会公众或服务对象是指因该项目实施而受到影响的部门（单位）、群体或个人。一般采取社会调查的方式

第三节 北京市部门整体支出绩效评价案例

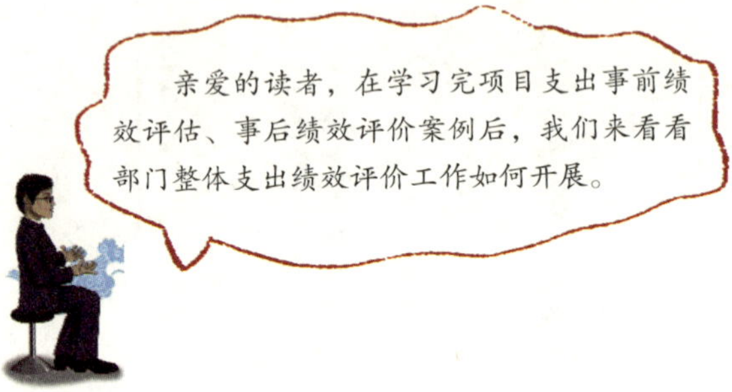

为推进预算绩效管理改革，扩大预算绩效评价范围，根据北京市财政局绩效评价工作安排，绩效评价处2012年组织开展了对北京市某部门预算整体支出的绩效评价。此次评价旨在总结部门工作成效的同时，客观反映管理体制和预算资金安排使用等方面问题，着力促进部门破除体制机制障碍，加强支出管理，合理配置预算资金等资源，提升预算绩效管理水平和整体工作效能。

一、部门整体支出绩效评价

（一）部门绩效目标情况

北京市某部门按照“十三五”规划的要求以及市委、市政府的工作部署，结合部门承担的职能工作任务和财政资金保障情况，设定年度部门九大绩效目标。绩效目标紧紧围绕北京市某部门的工作职能展开，目标明确具体，目标的确定与实施上比较切合实际。九大绩效目标涵盖北京市某部门工作的方方面面，细化程度较高。

（二）部门绩效控制评价分析

1. 资金使用及管理情况分析（包括管理制度、办法的制定及执行情况）

在资金使用与管理方面，北京市某部门能切实做到科学、合理编制预算。按时批复经费预算，加强预算执行环节的控制，提高资金的使用效益。预算管理的管理制度、办法健全，在预算执行过程中，强化内部控制机制建设，确保财政资金安全。

2. 部门（项目）组织情况分析（包括招投标情况、绩效目标调整情况、资金调整情况、完成验收情况等）

在北京市某部门年度项目中，将绩效管理理念融入项目管理中，与项目承办单位和承担处室就项目实施方案、绩效目标、内容和具体进展情况时时沟通；成立了绩效考评领导小组和考评工作组，制订了考评方案，按照考评工作程序和时间节点，多次召开会议部署准备工作，积极组织项目承担单位和处室收集、整理资料，编写项目绩效报告。

3. 部门（项目）管理情况分析（包括管理制度建设情况、日常检查监督等情况）

北京市某部门的项目管理制度健全完善，从 2000 年起，先后建立了财务收支审批制度、内部控制制度、内部牵制制度、内部稽核制度、现金管理制度、固定资产管理制度、项目支出预算管理办法等近 20 个管理制度。坚持内部审计常态化，规范财务管理工作，加强日常经费管理。

（三）部门（项目）产出及效果评价分析

1. 部门（项目）产出的经济性分析

北京市某部门在 2011 年度项目执行中，严格执行预算，有效控制支出成本，实现了以最小的投入达到预期的绩效目标。一是组织中介机构对 200 万元以下的 45 个项目进行评审，核减资金 ××× 万元，节约了财政资金。二是加强项目实施过程中的资金支付，严格按照合同约定的时间和比例支付资金。三是在确定规划编制研究项目时，充分利用承担单位平时掌握的基础数据和资料等资源，完成有关的项目，实现了投入最小化、产出最大化。

2. 部门（项目）效率性分析

北京市某部门在项目实施过程中，委托具有丰富城市规划编制和组织管理经验的项目承担单位进行规划编制研究工作，保证项目按计划及时、高效地完成。加强工作的组织领导和项目实施的过程监督，各个项目均按照制订的工作计划组织实施。项目实施的中期及完成阶段均召开专家会议，对成果进行验收，确保了项目成果的适用性和可操作性。

3. 部门（项目）产出的效益性分析

（1）取得的经济效益。

（2）取得了较为明显的社会效益。

（3）取得了较为显著的环境效益。

（4）社会公众比较满意。

二、存在问题

（一）部门决策中存在的问题

将绩效管理的理论融入部门管理中的程度还不够。部门绩效目标的层次不高、凝练程度不够，将部门绩效目标理解为部门的年度工作任务。部分项目的绩效目标设定不够细化和量化，项目的绩效目标设定多为产出导向的具体工作任务，而非具体量化的效益指标。

（二）部门管理中存在的问题

规划类项目预算编制的科学性和细化程度有待提高，预算编制过程中存在小的工作差错等现象。

（三）部门绩效实现存在的问题

部门与部门项目的绩效效益类指标难以量化和考核。工作中不注重基础信息和基础数据的采集，绩效指标难以落实。

三、政策建议

（一）对部门决策的建议

一是将绩效理念融入部门绩效管理中。建议在对绩效理念深入学习的基础上，凝练北京市某部门的总体绩效目标与具体绩效目标。在部门绩效目标的指导下，结合北京市某部门的工作职责，制定年度可考核的具体工作任务。在年度工作规划和工作任务分解中，将绩效目标在下属单位和职能处室间进行有效分解，在日常工作管理中，强化对下属单位和职能处室的绩效目标考核与过程管理。

二是在部门决策中，提高项目选择的科学性，科学界定各大类项目的年度工作规划。完善项目管理的前期工作，包括项目实施的立项背景与立项规划、项目的可行性研究报告、项目绩效目标、项目实施方案等。

（二）对部门管理的建议

一是提高预算编制的细化程度与科学性。尤其是规划研究类项目，在编制预算时，充分估计到项目实施过程中的人员费用与材料费用等，提高预算编制的科学性，改变目前笼统以人工费标准来编制预算的做法。在预算编制过程中，对于领取人工费的负责人、高级工程师等各个层次的专家姓名需要列示明确。

二是预算严格按照批复的金额和用途执行。预算一经财政部门批复后，严格按照预算资金的用途来使用资金。

（三）对部门绩效实现的建议

一是在部门的年度绩效管理中，依据部门职责，设计科学合理的部门绩效管理指标体系；并将此指标体系融入部门的绩效管理中，将该指标在下属单位和处室间进行分解，并强化对下属单位和职能处室的绩效管理指导工作。

二是在部门的日常绩效管理工作中，根据部门绩效指标，注意部门绩效基础信息和基础数据的采集工作。

表 5-4　　北京市某部门整体支出绩效评价指标体系

一级	分值	二级	分值	三级	分值	四级	分值	评分标准
部门决策	20	绩效目标	4	中长期规划	1	中长期规划的明确程度	1	A. 清晰、明确，1 分 B. 明确程度比较高，0.75 ~ 0.5 分 C. 明确程度不高，0.5 ~ 0.25 分 D. 基本不明确，0 分
				年度计划	1	年度工作计划与部门中长期规划的相符性	0.5	A. 非常相符，0.5 分 B. 比较相符，0.375 ~ 0.25 分 C. 基本相符，0.25 ~ 0.125 分 D. 基本不符，0 分
						年度工作计划清晰性及责任明确性	0.5	A. 非常清晰、明确，0.5 分 B. 比较清晰、明确，0.375 ~ 0.25 分 C. 基本清晰、明确，0.25 ~ 0.125 分 D. 基本不清晰或不明确，0 分
				绩效指标	2	绩效指标的合理性、科学性	1	A. 绩效指标科学、合理，1 分 B. 绩效指标比较科学、合理，0.75 ~ 0.5 分 C. 绩效指标不够明确，0.5 ~ 0.25 分 D. 无目标，0 分
						绩效指标的细化程度及可执行性	1	A. 绩效指标细化、具体，具有可执行性，1 分 B. 绩效指标比较细化、具体，具有可执行性，0.75 ~ 0.5 分 C. 绩效指标比较细化、具体，但不具有可执行性，0.5 ~ 0.25 分 D. 绩效指标不细化或不具体，不具有可执行性，0 分

续表

一级	分值	二级	分值	三级	分值	四级	分值	评分标准
部门决策	20	决策过程	8	决策依据	3	部门工作目标与部门职能的相关性	1	A. 密切相关，1 分 B. 相关，0.75 ~ 0.5 分 C. 比较相关，0.5 ~ 0.25 分 D. 不相关，0 分
						工作目标调整合理性	2	A. 无调整或者调整依据科学，论证充分，2 分 B. 调整依据科学，论证比较充分，1.5 ~ 1 分 C. 调整基本合理，1 ~ 0.5 分 D. 调整无依据，0 分
				决策程序	5	部门工作决策合规性	2	A. 部门工作决策符合相关规定及程序，2 分 B. 部门工作决策比较符合相关规定及程序，1.5 ~ 1 分 C. 部门工作决策基本符合相关规定及程序，1 ~ 0.5 分 D. 部门工作决策不符合相关规定及程序，0 分
						工作目标调整程序的合规性	3	A. 无调整或调整程序合规，3 分 B. 调整程序比较合规，2.25 ~ 1.5 分 C. 调整程序基本合规，1.5 ~ 0.75 分 D. 调整程序不合规，0 分
		资金分配	8	分配依据	2	资金分配策略与部门中长期计划和年度计划的相关性及符合性	1	A. 相关性及符合性非常好，1 分 B. 相关性及符合性良好，0.75 ~ 0.5 分 C. 相关性及符合性存在偏差，0.5 ~ 0.25 分 D. 不相关，0 分

续表

一级	分值	二级	分值	三级	分值	四级	分值	评分标准
部门决策	20	资金分配	8	分配依据	1	分配依据科学和充分性	1	A. 分配依据科学，论证充分，1 分 B. 分配依据科学，论证比较充分，0.75 ~ 0.5 分 C. 分配依据比较科学，论证基本充分，0.5 ~ 0.25 分 D. 缺乏分配依据，0 分
				分配结果	6	按预算计划分配资金的情况	3	A. 严格按照计划分配资金，3 分 B. 能够按照计划分配资金，2.25 ~ 1.5 分 C. 基本按照计划分配资金，1.5 ~ 0.75 分 D. 未按照计划分配资金，0 分
						资金分配与内部各部门工作需求的相符程度	3	A. 相符，3 分 B. 比较相符，2.25 ~ 1.5 分 C. 基本相符，1.5 ~ 0.75 分 D. 不相符，0 分
部门管理	30	资金到位	2	到位率	1	预算资金的到位率	1	A. 到位 90% 以上，1 分 B. 到位 90% ~ 75%，0.75 ~ 0.5 分 C. 到位 75% ~ 60%，0.5 ~ 0.25 分 D. 到位 60% 以下，0 分
				到位时效	1	预算资金到位的及时性	1	A. 到位及时，1 分 B. 到位比较及时，0.75 ~ 0.5 分 C. 到位基本及时，0.5 ~ 0.25 分 D. 到位不及时，0 分

续表

一级	分值	二级	分值	三级	分值	四级	分值	评分标准
部门管理	30	资金（资产）管理	15	预算管理	5	预算编制的准确、细化程度	3	A. 预算编制详细、准确，3 分 B. 预算编制比较详细、准确，2.25 ~ 1.5 分 C. 预算编制基本详细、准确，1.5 ~ 0.75 分 D. 预算编制不准确，0 分
						预算执行与批复的一致性	2	A. 预算执行与批复完全一致，2 分 B. 预算执行与批复比较一致，1.5 ~ 1 分 C. 预算执行与批复基本一致，1 ~ 0.5 分 D. 预算执行与批复不一致，0 分
				资金使用	4	资金使用流程的合规性	2	A. 资金使用流程非常合规，2 分 B. 资金使用流程比较合规，1.5 ~ 1 分 C. 资金使用流程基本合规，1 ~ 0.5 分 D. 资金使用流程不合规，0 分
						资金实际使用与预算内容的相符性	2	A. 非常相符，2 分 B. 比较相符，1.5 ~ 1 分 C. 基本相符，1 ~ 0.5 分 D. 不相符，0 分
				公有资产管理与维护	3	公有资产管理制度的健全性	1	A. 公有资产管理制度健全，1 分 B. 公有资产管理制度比较健全，0.75 ~ 0.5 分 C. 公有资产管理制度基本健全，0.5 ~ 0.25 分 D. 公有资产管理制度不健全或没有制度，0 分

续表

一级	分值	二级	分值	三级	分值	四级	分值	评分标准
部门管理	30	资金（资产）管理	15	公有资产管理与维护		公有资产管理制度的有效性	2	A. 非常有效，2 分 B. 比较有效，1.5 ~ 1 分 C. 基本有效，1 ~ 0.5 分 D. 无效，0 分
				财务管理	3	财务管理制度的健全与有效性	2	A. 财务管理制度健全，执行有效，2 分 B. 财务管理制度比较健全，执行较有效，1.5 ~ 1 分 C. 财务管理制度基本健全，执行较有效，1 ~ 0.5 分 D. 制度不健全或没有制度，或未有效执行，0 分
						会计核算的规范与准确性	1	A. 会计核算规范、准确，1 分 B. 会计核算比较规范、准确，0.75 ~ 0.5 分 C. 会计核算基本规范、准确，0.5 ~ 0.25 分 D. 会计核算不规范、不准确，0 分
		组织管理	13	制度建设与执行	2	部门内部管理制度的健全性	1	A. 非常健全，1 分 B. 比较健全，0.75 ~ 0.5 分 C. 基本健全，0.5 ~ 0.25 分 D. 不健全或无相关制度，0 分
						部门内部管理制度执行的有效性	1	A. 非常有效，1 分 B. 比较有效，0.75 ~ 0.5 分 C. 基本有效，0.5 ~ 0.25 分 D. 无效，0 分

续表

一级	分值	二级	分值	三级	分值	四级	分值	评分标准
部门管理	30	组织管理	13	组织机构	2	组织机构能力建设合理性	1	A. 组织机构建设合理，职责清晰，1 分 B. 组织机构建设比较合理，职责较清晰，0.75 ~ 0.5 分 C. 组织机构建设基本合理，职责较清晰，0.5 ~ 0.25 分 D. 组织机构建设不合理或职责不清晰，0 分
						各职能部门履责状况	1	A. 各职能处室及单位对内、对外履职情况非常好，1 分 B. 各职能处室及单位对内、对外履职情况比较好，0.75 ~ 0.5 分 C. 各职能处室及单位对内、对外履职情况一般，0.5 ~ 0.25 分 D. 各职能处室未按要求履职，0 分
				计划制订与执行	4	工作计划制订的科学性	2	A. 工作计划制订非常科学，2 分 B. 工作计划制订比较科学，1.5 ~ 1 分 C. 工作计划制订基本科学，1 ~ 0.5 分 D. 未制订工作计划，或工作计划不科学，0 分
						工作计划执行的有效性	2	A. 非常有效，2 分 B. 比较有效，1.5 ~ 1 分 C. 基本有效，1 ~ 0.5 分 D. 未执行或执行无效，0 分
				绩效管理	5	根据规划委员会年度总体绩效目标分解并制定下属部门绩效目标的情况	3	A. 目标分解合理、详细，3 分 B. 目标分解比较合理、详细，2.25 ~ 1.5 分 C. 目标分解基本合理、详细，1.5 ~ 0.75 分 D. 没有目标，0 分

续表

一级	分值	二级	分值	三级	分值	四级	分值	评分标准
部门管理	30	组织管理	13	绩效管理	5	对下属单位绩效的监督和考核的有效性	2	A. 有效，2 分 B. 比较有效，1.5 ~ 1 分 C. 基本有效，1 ~ 0.5 分 D. 无效，0 分
部门绩效	50	业绩产出	20	产出数量	5	提供公共服务数量的增减状况	2	A. 增加显著，2 分 B. 略有增加，1.5 ~ 1 分 C. 持平，1 ~ 0.5 分 D. 减少，0 分
						部门工作产出数量达到绩效目标的程度	3	A. 全部完成年初制定的绩效目标，3 分 B. 大部分完成，2.25 ~ 1.5 分 C. 基本完成，1.5 ~ 0.75 分 D. 未完成，0 分
				产出质量	5	行政服务质量	2	A. 行政服务质量好，2 分 B. 行政服务质量比较好，1.5 ~ 1 分 C. 行政服务质量一般，1 ~ 0.5 分 D. 行政服务质量差，0 分
						核心业务质量	3	A. 核心业务质量好，3 分 B. 核心业务质量比较好，2.25 ~ 1.5 分 C. 核心业务质量一般，1.5 ~ 0.75 分 D. 核心业务质量差，0 分

续表

一级	分值	二级	分值	三级	分值	四级	分值	评分标准
部门绩效	50	业绩产出	20	产出时效	5	按预算申报计划的约定时间完成工作的情况	5	A. 全部及时完成，5 分 B. 部分滞后完成，3.75 ~ 2.5 分 C. 严重滞后完成，2.5 ~ 1.25 分 D. 未完成，0 分
				产出成本	5	与预算申报计划相比，部门运营成本控制与改善状况	5	A. 成本显著降低，5 分 B. 成本略有降低，3.75 ~ 2.5 分 C. 成本持平，2.5 ~ 1.25 分 D. 成本增加，0 分
		部门效益	30	经济效益	6	部门工作促成的经济效益情况	6	A. 有显著的促进作用，6 分 B. 有一定的促进作用，4.5 ~ 3 分 C. 促进作用不明显，3 ~ 1.5 分 D. 无促进作用，0 分
				社会效益	6	部门工作促成的社会效益情况	6	A. 有显著的促进作用，6 分 B. 有一定的促进作用，4.5 ~ 3 分 C. 促进作用不明显，3 ~ 1.5 分 D. 无促进作用，0 分

续表

一级	分值	二级	分值	三级	分值	四级	分值	评分标准
部门绩效	50	部门效益	30	环境效益	6	部门工作促成的环境效益情况	6	A. 有显著的促进作用，6分 B. 有一定的促进作用，4.5 ~ 3分 C. 促进作用不明显，3 ~ 1.5分 D. 无促进作用，0分
				可持续影响	6	部门工作对城乡可持续发展的影响	6	A. 有显著的影响，6分 B. 有一定的影响，4.5 ~ 3分 C. 影响不明显，3 ~ 1.5分 D. 无影响，0分
				服务对象满意度	6	社会公众对部门工作的满意程度	6	A. 非常满意，6分 B. 比较满意，4.5 ~ 3分 C. 基本满意，3 ~ 1.5分 D. 不满意，0分

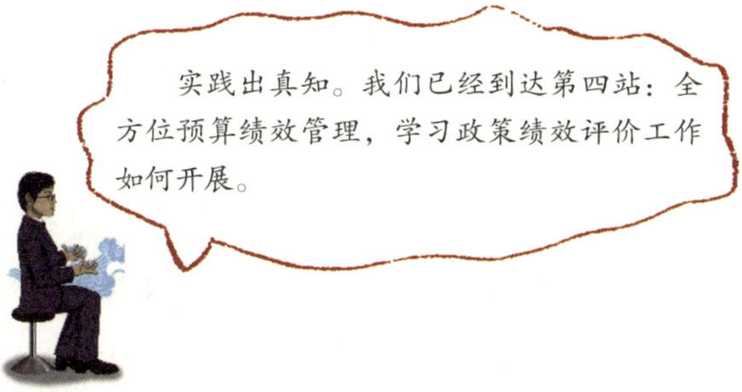

第四节 广东省生态保护补偿转移支付政策绩效评价

一、政策基本情况

（一）项目背景

2012 年，广东省人民政府为完善生态保护补偿机制，推动重点生态功能区所在地政府加强生态环境保护，维护生态安全，制定了《广东省生态保护补偿办法》，规定“按照国家实施主体功能区规划的要求并结合我省实际，在现行激励型财政机制的基础上，积极探索建立生态保护补偿机制，不断加大对生态保护的投入力度，通过转移支付对重点生态功能区的县（市）给予适当补偿，增强其提供基本公共服务的能力，有效调动其保护生态环境的积极性，促进我省经济发展与生态环境相协调，可持续发展水平不断提高”。

2014 年，广东省修订完善《广东省生态保护补偿办法》（粤府办〔2014〕57 号），明确了《生态环境保护指标考核实施细则》和《生态保护补偿资金分配实施细则》，建立并完善了生态环境保护考核指标体系。

（二）项目目标

广东省生态保护补偿转移支付政策的绩效目标：一是推进广东省生态文明建设和绿色发展，进一步完善广东省生态保护补偿机制；二是增强重点生态功能区和禁止开发区所在地政府提供基本公共服务的能力，充分调动其保护生态环境的积极性；三是促进广东省经济社会发展与生态环境协调，不断提高可持续发展水平。

二、政策主要绩效

通过分析项目单位提供的相关资料、现场核实和问卷调查等情况，总体上看，2017 年广东省生态保护补偿转移支付政策的实施取得了一定成效，但也存在一些问题，主要表现在禁止开发区资金到位、支出合规性以及政策效果等方面。综合评定“2017 年广东省生态保护补偿转移支付政策”的绩效得分为 85.5 分，绩效等级为“良”。

三、政策存在问题

（一）生态补偿资金的考核办法不够完善

（二）生态补偿资金分布比较零散，缺乏统筹

（三）多元化生态保护补偿机制尚未建立

（四）市县对生态补偿政策的认识存在不足

附件：绩效评价指标体系及得分表

一级指标	二级指标	三级指标	指标解释	评分标准（略）	指标得分
政策制定（15）	政策设立的必要性（4）	政策设立的依据（2）	政策制定是否符合国家和广东省相关法律法规的规定，是否符合省、市国民经济发展规划和政府决策		2
		政策设立的合规性（2）	政策决策程序是否科学，论证是否公开、充分、合理		2
	政策设立的可行性（6）	政策补偿范围的明确性（2）	补偿对象的明确性		2
		扶持方式的科学性（2）	补偿方式的科学性		2
		扶持标准的合理性（2）	补偿标准的合理性		2
	目标设定（5）	目标设置完整性（3）	目标设置是否包含总目标和阶段性目标，是否包括预期提供的公共产品或服务的产出数量、质量、成本指标，预期达到的效果性指标		2.5
		可衡量性（2）	资金绩效目标设置是否量化、是否包括可衡量的绩效指标		2
政策执行（35）	预决算管理（15）	预算管理规范性（3）	生态保护补偿转移支付资金预决算管理情况		2.5
		决算管理规范性（3）			3
		预决算信息公开（3）			2
		资金分配的规范性（3）			3
		国家级禁止开发区资金到位情况（3）			1
	资金管理（20）	资金到位率（5）	生态保护补偿转移支付资金到位情况		5
		资金支出率（5）	生态保护补偿转移支付资金支出情况		4.5
		支出合规性（10）	生态保护补偿转移支付资金支出是否符合相关财务管理制度和资金管理办法等规定		7

续表

一级指标	二级指标	三级指标	指标解释	评分标准（略）	指标得分
政策效果（50）	保障水平（12）	底线民生支出保障水平（4）	各地统筹使用生态保护补偿转移支付资金，落实底线民生政策情况		3
		基本民生支出保障水平（4）	各地统筹使用生态保护补偿转移支付资金，落实国家和省确定的基本民生政策目标情况		3.5
		运转支出保障水平（4）	各地统筹使用生态保护补偿转移支付资金，落实政权运转经费保障情况		4
	水源保护类指标（9）	集中式饮用水源地水质达标率（3）	反映重点生态功能区生态环境考核指标完成情况		3
		跨行政区域河流交界断面水质达标率（3）			2
		地表水环境功能区水质达标率（3）			3
	大气保护类指标（9）	环境空气质量优良天数比率（5）			3
		可吸入颗粒物（PM10）/细颗粒物（PM2.5）年均浓度（4）			3
	森林保护类指标（9）	森林覆盖率（3）			3
		森林蓄积量（3）			3
		重点林业生态工程建设和森林抚育任务完成（3）			3
	其他指标（6）	重点重金属污染物排放量（2）			1.5
		污水处理率（2）			1.5
		生活垃圾无害化处理率（2）			1.5
	公平性指标（5）	重点生态保护区所在地政府满意度（5）	重点生态保护区所在地政府对生态保护补偿资金使用的满意程度		5
总　分					85.5

第六章

人大预决算绩效审查监督管理

党的十八大以来，以习近平同志为核心的党中央就人大制度和人大工作提出一系列新论断、新举措、新要求，为在新的历史条件下坚持、完善、发展人民代表大会制度，加强和改进人大预算审查监督工作，提供了科学理论指导和行动指南。2018年3月6日，中共中央办公厅印发《关于人大预算审查监督重点向支出预算和政策拓展的指导意见》，提出建立中国特色社会主义预算审查监督制度，强化政策对支出预算的指导和约束作用，加强对政府预算的全口径审查和全过程监管，更好发挥财政在国家治理中的基础和重要支柱作用，更好发挥人民代表大会制度支撑国家治理体系和治理能力的根本政治制度作用。

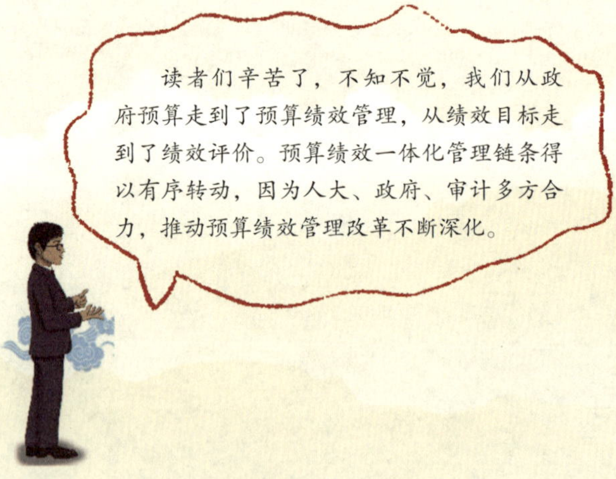

第一节 人大预决算绩效审查监督管理概论

一、什么是人大预决算绩效审查监督

审查批准预算、决算和监督预算执行是宪法和《预算法》《监督法》等法律赋予全国人大及其常委会、地方各级人大及其常委会的重要职权。人大依法开展预决算审查监督，对规范预算行为、促进依法行政、推动经济社会发展发挥了重要的作用。全面实施预算绩效管理，即将预算理念融入预算管理全过程，使之与预算编制、预算执行、预算监督一起成为预算管理的有机组成部分，实现预算和绩效管理一体化。在此背景下，人大预决算审查监督职能也应加强对绩效审查监督的管理。

人大预决算绩效审查监督是在传统预决算审查监督的基础上，按照绩效管理的要求，运用科学的绩效审查监督标准和方法，对预算收支安排及其结果进行客观、公正的审查监督，对绩效目标的设定、执行实现程度等进行审查监督。

二、人大预决算绩效审查监督的特点

预决算绩效审查监督是一个系统工程，既依托于传统的预决算审查监督，又有别于传统的预决算审查监督。预决算绩效审查监督管理是预决算审查监督管理的深化和延伸。

人大预决算绩效审查监督与传统的预决算绩效审查监督的不同主要体现在三个方面。一是审查监督覆盖面不同。预决算绩效审查监督是财政传统预决算绩效审查监督的纵向延伸，必须贯穿于财政收支活动的全过程，即预算安排监督部门要清楚，预算执行监督部门要明白，事前、事中和事后均介入。二是监督侧重点不同。传统的预决算绩效审查监督主要重在合规性审查，绩效审查监督的重点在效益评价，在合规性审核的基础上，重在评价财政支出的成效、财政投资项目的最终结果。三是监督成果利用不同。传统的预决算审查监督成果主要起到预防和警示的作用，也有助于财政业务部门发现制度或程序的不足，加以完善和改进。预决算绩效审查监督的成果将作为下一年度财政预算安排的重要参考，对财政资金的安排和投向起到至关重要的作用。

三、人大预决算绩效审查监督的依据

全国人民代表大会作为我国最高国家权力机关，享有立法权和监督权。人大进行预算绩效审查与监督工作时，其依据主要为全国人大及相关部门制定的法律法规、意见办法以及国家政策等。其中，《中华人民共和国预算法》(2014)、《中华人民共和国各级人民代表大会常务委员会监督法》(2007)、《中华人民共和国审计法》(2006)、《关于人大预算审查监督重点向支出预算和政策拓展的指导意见》(中办发〔2018〕15号)和《中共中央 国务院关于全面实施预算绩效管理的意见》(中发〔2018〕34号)，为人大开展预算绩效审查监督工作提供重要法律依据。

(一)《中华人民共和国宪法》

《中华人民共和国宪法》(以下简称“宪法”)是我国的根本大法，规定国家的根本制度和根本任务。宪法规定，国家行政机关、监察机关、审判机关、检察机关都由人民代表大会产生，对人大负责，受人大监督。其中，人民代表大会职权之一是：审查和批准国家的预算和预算执行情况的报告。因此，人民代表大会及其常委会行使预决算审查监督权是宪法赋予的职权。坚持依法治国首先要坚持依宪治国，坚持依宪治国的一个重要方面是要求各级人民代表大会认真履行其预决算审查监督职责。

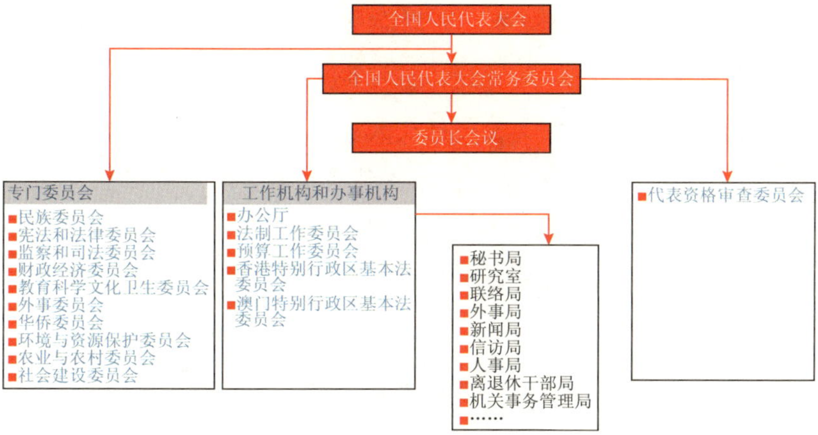

图 6-1　全国人民代表大会组织机构图

（二）《中华人民共和国预算法》

《预算法》作为经济领域最为重要的法律，素有“经济宪法”之称，对于一国的预算管理原则、预算管理模式、预算管理的流程、预算管理中的控制机制构建、预算监督等领域作出相应的规范。

《预算法》是各级人大审查监督政府预算的基本依据。预算审查是人民代表大会的重要权力，但因种种原因一些地方往往“走过场”，甚至很多代表连看都不看，预算草案就被批准了。1994 年《预算法》存在的一个突出问题在于人大审查内容和审查程序的不完善。在法治国家里，预算法律普遍重视议会审查程序建设，以提高预算审查的质量。在 2014 年《预算法》中，强调了预算的全面完整性，从编制环节即强化“四个账本”的完整，突出全口径预算管理和绩效管理的理念，有利于人大全面审查监督政府如何花钱。在人大审查政府预算的内容、程序以及发现问题的惩戒机制建设方面，均有所涉及，有利于推动人大审查政府预算由“形式性审查”向“实质性审查”的转变。

专栏 6-1 2014 年《预算法》关于人大绩效审查条款

第四十九条 全国人民代表大会财政经济委员会向全国人民代表大会主席团提出关于中央和地方预算草案及中央和地方预算执行情况的审查结果报告。

省、自治区、直辖市、设区的市、自治州人民代表大会有关专门委员会，县、自治县、不设区的市、市辖区人民代表大会常务委员会，向本级人民代表大会主席团提出关于总预算草案及上一年总预算执行情况的审查结果报告。

审查结果报告应当包括下列内容：

（一）对上一年预算执行和落实本级人民代表大会预算决议的情况作出评价；

（二）对本年度预算草案是否符合本法的规定，是否可行作出评价；

（三）对本级人民代表大会批准预算草案和预算报告提出建议；

（四）对执行年度预算、改进预算管理、提高预算绩效、加强预算监督等提出意见和建议。

第七十九条 县级以上各级人民代表大会常务委员会和乡、民族乡、镇人民代表大会对本级决算草案，重点审查下列内容：

（一）预算收入情况；

（二）支出政策实施情况和重点支出、重大投资项目资金的使用及绩效情况；

（三）结转资金的使用情况；

（四）资金结余情况；

（五）本级预算调整及执行情况；

（六）财政转移支付安排执行情况；

（七）经批准举借债务的规模、结构、使用、偿还等情况；

（八）本级预算周转金规模和使用情况；

（九）本级预备费使用情况；

（十）超收收入安排情况，预算稳定调节基金的规模和使用情况；

（十一）本级人民代表大会批准的预算决议落实情况；

（十二）其他与决算有关的重要情况。

（三）《中华人民共和国各级人民代表大会常务委员会监督法》

《中华人民共和国各级人民代表大会常务委员会监督法》第三章规定，全国各级人民代表大会具有审查和批准决算、听取和审议预算执行情况以及审议审计工作报告等职能（见表 6–1）。

表 6-1 《中华人民共和国各级人民代表大会常务委员会监督法》相关条款节选

条款	内容
第十五条	国务院应当在每年六月，将上一年度的中央决算草案提请全国人民代表大会常务委员会审查和批准
第十六条	国务院和县级以上地方各级人民政府应当在每年六月至九月期间，向本级人民代表大会常务委员会报告本年度上一阶段国民经济和社会发展计划、预算的执行情况
第十七条	国民经济和社会发展计划、预算经人民代表大会批准后，在执行过程中需要作部分调整的，国务院和县级以上地方各级人民政府应当将调整方案提请本级人民代表大会常务委员会审查和批准
第十八条	常务委员会对决算草案和预算执行情况报告，重点审查下列内容：（一）预算收支平衡情况；（二）重点支出的安排和资金到位情况；（三）预算超收收入的安排和使用情况；（四）部门预算制度建立和执行情况；（五）向下级财政转移支付情况；（六）本级人民代表大会关于批准预算的决议的执行情况
第十九条	常务委员会每年审查和批准决算的同时，听取和审议本级人民政府提出的审计机关关于上一年度预算执行和其他财政收支的审计工作报告
第二十一条	国民经济和社会发展五年规划经人民代表大会批准后，在实施的中期阶段，人民政府应当将规划实施情况的中期评估报告提请本级人民代表大会常务委员会审议。规划经中期评估需调整的，人民政府应当将调整方案提请本级人民代表大会常务委员会审查和批准

（四）《中华人民共和国审计法》

《中华人民共和国审计法》（以下简称“《审计法》”）的颁布标

志着我国审计监督制度的进一步完善。该法律对审计机关以及审计工作人员的职责、权限和工作流程作出了详细规定，其中，规定了各级人民代表大会常委会具有听取预算审计报告的职能。如第四条规定:“国务院和县级以上地方人民政府应当每年向本级人民代表大会常务委员会提出审计机关对预算执行和其他财政收支的审计工作报告。”

（五）相关法规、部门规章

除了相关的法律法规外，我国也在相关的政府会议上提出人大实施预算绩效审查监督工作的要求。党的十八大报告中提到:“支持人大及其常委会充分发挥国家权力机关作用，依法行使立法、监督、决定、任免等职权，加强立法工作组织协调，加强对‘一府两院’的监督，加强对政府全口径预算决算的审查和监督”，并提出要深化行政体制改革，“创新行政管理方式，提高政府公信力和执行力，推进政府绩效管理”。党的十九大报告提出要“建立全面规范透明、标准科学、约束有力的预算制度，全面实施绩效管理”。此外，还颁布了《国务院关于深化预算管理制度改革的决定》（国发〔2014〕45 号）、《中共中央关于建立国务院向全国人大常委会报告国有资产管理情况制度的意见》（中发〔2017〕33 号）、《中央部门预算绩效目标管理办法》（财预〔2015〕88 号）、《财政部关于推进预算绩效管理的指导意见》（财预〔2011〕416 号）、《财政支出绩效评价管理暂行办法》（财预〔2011〕285 号）等一系列规章制度，对预算绩效的审查与监督工作进行规定，以立法形式推进我国预算绩效管理工作有序开展。

2018 年 3 月 6 日，中共中央办公厅印发《关于人大预算审查监督重点向支出预算和政策拓展的指导意见》指出，支出预算原则上要反映各项支出预算安排的政策依据、标准、支出方向及绩效目标等情况，增强重大增支政策出台的预期性。支出决算要重点报告和反映支出预算调整情况、支出完成预算情况、重大项目的资金使用绩效与政策实施效果情况。

专栏 6-2　全国人大常委会预算工作委员会负责人就《关于人大预算审查监督重点向支出预算和政策拓展的指导意见》答记者问（节选一）

问：人大预算审查监督重点向支出预算和政策拓展的重要意义是什么？

答：政府预算反映国家的战略、规划、政策，反映政府的职责、活动范围、方向。预算数字中有政治。审查批准预算、决算和监督预算执行，是宪法和《预算法》《监督法》等法律赋予全国人大及其常委会、地方各级人大及其常委会的重要职权。人大依法开展预算审查监督，对规范预算行为、促进依法行政、推动经济社会发展，发挥了重要作用。同时也要看到，过去政府预算审核管理和人大预算审查监督的重点，主要是赤字规模和预算收支平衡状况，对支出预算和政策关注不够，对财政资金使用绩效和政策实施效果关注不够，不利于发挥政策对编制支出预算的指导和约束作用，不利于提高人大预算审查监督的针对性和有效性。

党的十八大以来，以习近平同志为核心的党中央就人大制度和人大工作提出一系列新论断、新举措、新要求，为在新的历史条件下坚持、完善和发展人民代表大会制度，加强和改进人大预算审查监督工作，提供了科学理论指导和行动指南。党的十八届三中全会提出，财政是国家治理的基础和重要支柱；预算审核的重点由平衡状态、赤字规模向支出预算和政策拓展；加强人大预算决算审查监督、国有资产监督职能。党的十九大报告强调，要健全人大组织制度和工作制度，支持和保障人大依法行使立法权、监督权、决定权、任免权。

实施人大预算审查监督重点向支出预算和政策拓展，是依法加强和改进人大预算审查监督工作的内在要求，是建立和完善中国特色社会主义预算审查监督制度的重要举措，是提高财政资金使用绩效和政策实施效果的客观需要，也是对《预算法》《监督法》关于人大预算决算审查监督，特别是支出预算和政策审查监督规定的细化深化。人大加强对支出预算和政策的审查监督，有利于强化政策对支出预算的指导和约束作用，使预算安排和政策更好地贯彻落实党中央重大方针政策和决策部署；有利于加强和改善宏观调控，有效发挥财政在宏观经济管理中的重要作用；有利于提高支出预算编制质量和预算执行规范化水平，实施全面规范、公开透明的预算制度；有利于加强对政府预算的全口径审查和全过程监管，更好发挥财政在国家治理中的基础和重要支柱作用，更好发挥人民代表大会制度支撑国家治理体系和治理能力的根本政治制度作用。

问：人大预算审查监督重点向支出预算和政策拓展的总体要求是什么？

答：《关于人大预算审查监督重点向支出预算和政策拓展的指导意见》（以下简称“《指导意见》”）提出，人大预算审查监督重点向支出预算和政策拓展，要深入学习贯彻党的十九大精神，以习近平新时代中国特色社会主义思想为指导，坚持党的领导、人民当家做主、依法治国有机统一，以宪法和《预算法》《监督法》等法律为依据，坚持正确监督、有效监督，加强对支出预算和政策的审查监督，提高针对性和有效性，推进依法行政、依法理财，保障党中央重大方针政策和决策部署的贯彻落实。

《指导意见》明确提出六个方面要求：一是坚持党中央集中统一领导。自觉在思想上、政治上、行动上同以习近平同志为核心的党中央保持高度一致，认真负责、不折不扣执行党中央决策部署，使党的主张通过法定程序成为国家意志，使支出预算和政策更好体现和落实党中央决策部署。二是坚持围绕和服务党和国家大局。牢牢把握中国特色社会主义进入新时代和社会主要矛盾的转化，使财政预算和政策更好服务于党和国家中心工作，推动经济社会持续健康发展。三是坚持以人民为中心的发展思想。牢牢把握人民群众对美好生活的向往，着力保障和改善民生，不断增强人民群众获得感、幸福感。四是坚持依法开展审查监督。通过法定程序，运用法定方式，坚持监督与支持相统一，提高预算审查监督的针对性和有效性。五是坚持问题导向。以人大代表和人民群众普遍关心的热点难点问题为导向，加强对重点支出预算和政策的审查监督，推动建立健全解决问题的长效机制。六是坚持积极探索与扎实推进相结合。立足基本国情，探索创新方式方法，总结经验和规律，确保改革取得成效。

四、人大预决算绩效审查监督的内容

由于预算具有专业性、政策性、法律性等特点，人大在较短的时间内很难全面审查，因此，为了加强对预算草案和预算执行情况报告的审查，履行好宪法、法律赋予的职责，审查应该采取全面审查与重点审查相结合的办法，即在全面审查预算草案和预算执行情况的同时，对预算有重要影响的内容作重点审查。所以，对于预算报告的重点审查内容进行规定，明确列示预算重点审查的内容，为各级人大加强对预算的审查批准创造有利条件，有利于把握重点、抓住要害，对预算进行深入细致的、实质性的审查，保证人大在审查预算报告时不遗漏重点，有利于提高预算审查批准的质量和效果，同时也有利于财政部门在撰写预算文本时更加具有针对性。在全面实施预算绩效管理的背景下，对预决算绩效的审查是预决算审查的重点内容。预决算绩效审查监督的主要内容：绩效目标的设定情况、绩效目标的执行情况、绩效目标的实现程度及效果（见图 6–2）。

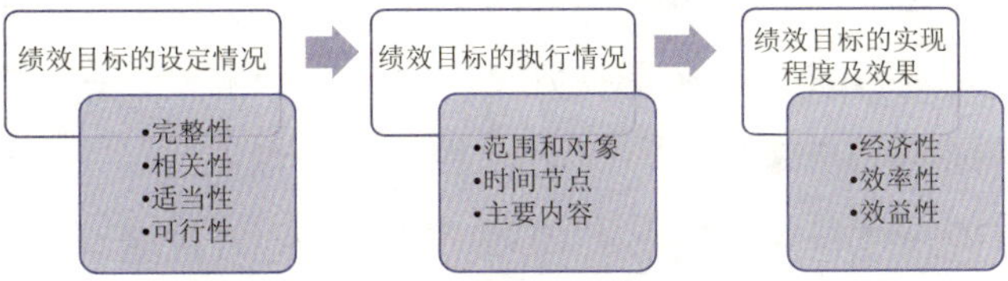

图 6-2　人大预决算绩效审查的内容

（一）审查绩效目标的设定情况

人大要依据国家相关政策、财政支出方向和重点、部门职能及事业发展规划等，对绩效目标进行审查，包括绩效目标与部门职能的相关性、绩效目标的实现所采取措施的可行性、绩效指标设置的科学性、实现绩效目标所需资金的合理性等。

绩效目标审查是预算审查的有机组成部分。绩效目标不符合要求的，人大应要求报送单位及时修改、完善。审查符合要求后，方可申请并安排预算资金。绩效目标审查的主要内容包括以下四项。

一是完整性审查：绩效目标的内容是否完整，绩效目标是否明确、清晰。

二是相关性审查：绩效目标的设定与部门职能、事业发展规划是否相关，是否对申报的绩效目标设定了相关联的绩效指标，绩效指标是否细化、量化。

三是适当性审查：资金规模与绩效目标之间是否匹配，在既定资金规模下，绩效目标是否过高或过低；或者要完成既定绩效目标，资金规模是否过大或过小。

四是可行性审查：绩效目标是否经过充分论证和合理测算；所采取的措施是否切实可行，并能确保绩效目标如期实现；综合考虑成本效益，是否有必要安排财政资金。

人大要督查财政部门提前编制和报送政府专项资金绩效目标书，确保人大有充足的时间进行审查。人大审查意见要作为年度预算安排的重要依据。

（二）审查绩效目标的执行情况

绩效目标的执行是预算绩效管理的重要环节，是确保中央部门实现预算绩效目标、落实绩效主体责任的重要手段。绩效监控旨在跟踪年初设定的绩效目标完成情况，纠正执行偏差，查找资金使用和业务管理中的薄弱环节，及时弥补管理“漏洞”。开展绩效监控有利于促进预算管理、财务管理和项目管理的有机融合，有效提高中央部门和项目执行单位的资金使用绩效和管理水平。绩效目标执行监控的主要内容有以下三项。

一是范围和对象：各部门在对所有部门预算一级项目及其所属二级项目全面开展绩效监控的基础上，围绕审计和监督检查中发现问题较多和管理较为薄弱的领域，开展重点监控。

二是时间节点：绩效监控的时间节点是对绩效目标执行情况进行监控的时间点。在该时间节点，要求对年初至此节点的预算绩效目标执行情况进行监控。

三是主要内容：绩效监控的主要内容是绩效目标的完成情况，包括产出指标的完成值、效益指标和满意度指标的实现程度及趋势等。在收集上述绩效信息的基础上，人大可以针对发现的问题要求预算执行部门对偏离绩效目标的原因进行分析，对全年绩效目标完成情况进行预计，对未来目标完成计划进行说明。

健全和完善绩效管理情况跟踪监督制度，要求人大每年选择一批重点，专项组织人大各有关工委进行跟踪督查，“实时跟踪，半年督查”，推动绩效目标的实现。

（三）审查绩效目标的实现程度及效果

绩效评价，是指根据设定的绩效目标，运用科学、合理的绩效评价指标、评价标准和评价方法，对财政支出的经济性、效率性和效益性进行客观、公正的评价。财政支出绩效评价是预算绩效管理的核心。预算执行结束后，要及时对预算资金的产出和结果进行绩效评价，重点评价产出和结果的经济性、效率性和效益性。

绩效评价的对象，包括纳入政府预算管理的资金和纳入部门预算管理的资金。按照预算级次，可分为本级部门预算管理的资金和上级政府对下级政府的转移支付资金。部门预算支出绩效评价，包括基本支出绩效评价、项目支出绩效评价和部门整体支出绩效评价。绩效评价应当以项目支出为重点，重点评价一定金额以上、与本部门职能密切相关、具有明显社会影响和经济影响的项目。有条件的地方可以对部门整体支出进行评价。上级政府对下级政府的转移支付，包括一般性转移支付和专项转移支付。一般性转移支付，原则上应当重点对贯彻中央重大政策出台的转移支付项目进行绩效评价；专项转移支付，原则上应当以对社会、经济发展和民生有重大影响的支出为重点进行绩效评价。

健全和完善绩效评价结果向人大报告制度，结合年度监督工作安排，人大常委会有选择地听取专项资金的绩效评价结果报告，进一步扩大监督范围。

专栏 6-3 全国人大常委会预算工作委员会负责人就《关于人大预算审查监督重点向支出预算和政策拓展的指导意见》答记者问（节选二）

问：人大预算审查监督重点向支出预算和政策拓展的主要内容是什么？

答：《关于人大预算审查监督重点向支出预算和政策拓展的指导意见》明确了政府预算的定位和支出预算、支出政策的含义。政府预算反映国家的战略、规划、政策，反映政府的职责、活动范围、方向。支出政策是政府根据党中央重大方针政策和决策部署、《预算法》等法律规定，制定的财政支出安排措施。支出预算是政府按照规定的程序、方法和标准编制的，对各种支出作出统筹安排，并报经本级人民代表大会审查批准后执行的财政支出计划。人大通过审查监督支出预算和政策，保障党中央重大方针政策和决策部署的贯彻落实。

《指导意见》提出，按照党中央改革部署要求和《预算法》《监督法》规定，人大对支出预算和政策开展全口径审查和全过程监管，包括五个方面主要内容。

一是支出预算的总量与结构。审查支出预算总量，重点审查预算安排是否符合党中央确定的年度经济社会发展目标、国家宏观调控总体要求，审查支出政策的可持续性等。审查支出预算结构，重点审查支出预算和政策是否体现党中央就各重要领域提出的重大方针政策和决策部署要求，切实提高财政资金配置效率。

二是重点支出与重大投资项目。保障党中央重大方针政策和决策部署确定的重点支出与重大投资项目。推动政府健全重点支出与重大投资项目决策机制，合理确定重点支出与重大投资项目范围。加强对重点支出与重大投资项目执行情况的监督，督促实现支出绩效和政策目标。

三是部门预算。重点审查监督部门预算贯彻落实党中央重大方针政策和决策部署情况；部门预算编制的完整性情况；项目库建设、项目支出预算与支出政策衔接匹配情况；部门重大项目支出绩效目标设定、实现及评价结果应用情况；审计查出问题整改落实情况等。

四是财政转移支付。重点审查监督贯彻党中央重大方针政策和决策部署情况，转移支付与财政事权和支出责任划分的匹配情况；转移支付对促进实现各地区财政平衡以及基本公共服务均等化情况；专项转移支付的清理整合情况；专项转移支付的整体绩效情况。

五是政府债务。地方政府债务要重点审查债务纳入预算管理的情况；要根据各地的债务率、利息负担率、新增债务率等风险评估指标体系，结合债务资金安排使用和偿还计划，评价举债规模的合理性。同时，要加强对政府预算收入编制的审查，要强化对预算收入执行情况的监督，推动严格依法征收，不收“过头税”，推动依法规范非税收入管理。

问：人大预算审查监督重点向支出预算和政策拓展的主要程序和方法是什么？

答：《指导意见》按照总结、继承、完善、提高的原则，在巩固、完善现有程序和方法基础上，进一步探索健全程序，创新方式方法，提出了八项措施。

一是认真学习贯彻党中央重大方针政策和决策部署。要认真学习贯彻中央全会、中央经济工作会议、中央政治局会议等重要会议精神，明确目标任务，掌握部署要求，做好预算审查监督工作。坚持党对人大预算审查监督工作的领导。

二是充分听取意见建议。每年在政府预算草案编制前，应当通过召开座谈会、通报会等多种形式，认真听取本级人大代表、专家智库等社会各界关于重点支出、重大投资项目、重大支出政策等方面的意见建议。

三是深入开展专题调研。各级人大及其常委会应当根据年度工作要点和监督工作计划，听取和审议政府关于重点支出预算和政策专项工作报告，开展专题调研，提出有针对性、前瞻性和可行性的意见建议。

四是探索就重大事项或特定问题组织调查。根据《预算法》，各级人大和县级以上各级人大常委会可以就预算、决算中的重大事项或特定问题组织调查。经全国人大常委会委员长会议专项批准，人大常委会预算工作委员会可以对各部门、各预算单位、重大建设项目的预算资金使用和专项资金的使用进行调查，政府有关部门和单位应当积极协助、配合。

五是探索开展预算专题审议。人大财政经济委员会每年对预算草案进行初步审查时，应根据中央经济工作会议精神，对有关支出预算和政策开展专题审议。政府有关部门负责人应到会听取意见、回答询问。人大有关的专门委员会可以对相关领域部门预算草案、相关重点支出和重大投资项目、有关转移支付资金和政策开展调查研究，更好发挥人大专门委员会的专业特点和优势。根据需要，可以引入社会中介机构为人大预算审查监督工作提供服务。

六是推动落实人大及其常委会有关预算决算决议。通过听取报告、开展专题调研、组织代表视察等形式，推动政府及其有关部门积极落实本级人民代表大会及其常委会有关预算决算的决议。

七是及时听取重大财税政策报告。对于事关全国或者本级行政区域内经济社会发展全局、涉及群众切身利益的重大财税政策，各级政府在政策出台前应当向本级人大常委会报告。

八是加快推进预算联网监督工作。要适应信息社会发展要求，加快推进预算联网监督工作，实现预算审查监督信息化和网络化。要充分利用预算联网平台，加强对支出预算和政策的审查监督，提升审查监督内容的翔实性和时效性，增强审查监督工作的针对性和有效性。

第二节 人大预算绩效审查监督管理

一、人大预算绩效审查监督的内涵

人大预算绩效审查监督就是人大在对预算草案进行审查时，重点关注对支出政策和项目的合理性评估，以及绩效目标设置的完整性、相关性、适当性和可行性审查。

二、人大预算绩效审查监督的流程

人大预算绩效审查监督是传统预算审查监督理念的转变和内容的丰富，因此，预算绩效审查监督内含于人大预算审查监督过程中。与预算审查监督一样，人大预算绩效审查监督的过程分为预算部门向财政部门上报预算目标、人大财政经济委员会对部门预算绩效目标进行初步审查、人民代表大会对部门预算绩效目标进行会议审查、人民代表大会批复预算绩效目标四个阶段（见图 6-3）。

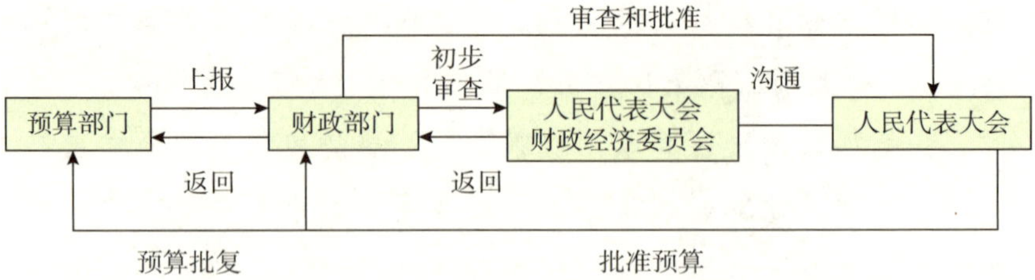

图 6-3 人大预算绩效审查监督流程图

（一）初步审查

初步审查是指在召开人民代表大会之前，由各级人民代表大会财政经济委员会对预算草案的主要内容、重大政策和项目事前绩效评估报告进行审查。

1. 提交初步审查的时间规定

《预算法》第四十四条规定："国务院财政部门应当在每年全国人民代表大会会议举行的四十五日前，将中央预算草案的初步方案提交全国人民代表大会财政经济委员会进行初步审查。

"省、自治区、直辖市政府财政部门应当在本级人民代表大会会议举行的三十日前，将本级预算草案的初步方案提交本级人民代表大会有关专门委员会进行初步审查。

"设区的市、自治州政府财政部门应当在本级人民代表大会会议举行的三十日前，将本级预算草案的初步方案提交本级人民代表大会有关专门委员会进行初步审查，或者送交本级人民代表大会常务委员会有关工作机构征求意见。

"县、自治县、不设区的市、市辖区政府应当在本级人民代表大会会议举行的三十日前，将本级预算草案的初步方案提交本级人民代表大会常务委员会进行初步审查。"

立法机关及其专门委员会对预算草案和事前绩效评估报告的初审时间必须有保障，否则难以对预算开展实质性的审查。目前规定提交初审时间由过去的一个月提前到四十五天，给进行初步审查的相关工作机构提供了更加充足的审查时间，确保政府预算的合理、合规与高效。

2. 初步审查的程序

按照《预算法》规定，初步审查的程序包括：

（1）《预算法》第四十五条规定："县、自治县、不设区的市、市辖区、乡、民族乡、镇的人民代表大会举行会议审查预算草案前，应当采用多种形式，组织本级人民代表大会代表，听取选民和社会各界的意见。"这一规定大大提高了初审过程的民主性和公开性。

（2）各级人民代表大会财政经济委员会或专门委员会首先对政府预算草案、事前绩效评估报告和政策、项目绩效目标进行初步审查。各部门、各单位对新出台政策、项目必须提交事前绩效评估报告，重点论证立项必要性、投入经济性、绩效目标合理性、实施方案可行性、筹资合规性等，评估结果作为申请预算的重要条件和人大初步审核的重点。在初步审查时，设区的市、自治州以上各级人民代表大会有关专门委员会进行初步审查，常务委员会有关工作机构研究提出意见时，应当邀请本级人民代表大会代表参加。在对各级政府预算草案等进行初步审查后，要提出初步审查意见。

（3）对各级人民代表大会常务委员会、财政经济委员会（专门委员会、有关工作机构）提出的意见，本级政府财政部门应当将处理情况及时反馈。

（4）对各级人民代表大会常务委员会、财政经济委员会（专门委员会、有关工作机构）提出的意见以及本级政府财政部门反馈的处理情况报告，应当印发给本级人民代表大会代表。

（二）审查和批准

按照《预算法》的规定，各级人民代表大会审查和批准预算草案的程序如下。

1. 政府向人民代表大会作关于预算草案的报告

《预算法》第四十七条规定："国务院在全国人民代表大会举行会议时，向大会作关于中央和地方预算草案以及中央和地方预算执行情况的报告。

“地方各级政府在本级人民代表大会举行会议时，向大会作关于总预算草案和总预算执行情况的报告。”

向立法机构报告预算草案的制度安排，体现了政府的公共受托责任和人民代表大会代表公众的权力行使，也是实现财政透明的重要保证。近年来，我国财政支出的扩大意味着政府受托责任的扩大，因此，提高财政透明度，尊重和保障社会公众的知情权与监督权显得尤为必要。政府向人民代表大会作关于预算草案的报告，使各级人民代表大会能够了解确定预算收支目标的情况。按照《预算法》的规定，人民代表大会代表可按照法律规定的程序，对政府预算中的有关问题提出询问和质询，有关部门必须作出认真的答复。这也是构建阳光政府、责任政府的重点所在。

2. 人民代表大会财政经济委员会作关于对政府预算草案的审查结果报告

《预算法》第四十九条规定：“全国人民代表大会财政经济委员会向全国人民代表大会主席团提出关于中央和地方预算草案及中央和地方预算执行情况的审查结果报告。

“省、自治区、直辖市、设区的市、自治州人民代表大会有关专门委员会，县、自治县、不设区的市、市辖区人民代表大会常务委员会，向本级人民代表大会主席团提出关于总预算草案及上一年总预算执行情况的审查结果报告。

“审查结果报告应当包括下列内容：①对上一年预算执行和落实本级人民代表大会预算决议的情况作出评价；②对本年度预算草案是否符合本法的规定，是否可行作出评价；③对本级人民代表大会批准预算草案和预算报告提出建议；④对执行年度预算、改进预算管理、提高预算绩效、加强预算监督等提出意见和建议。”

预算审查结果报告是全国人民代表大会财政经济委员会及地方各级相关委员会对预算草案、预算执行情况进行初步审查的结果。对于预算审查结果报告，全国人民代表大会常务委员会以及省、自治区、直辖市、设区的市、自治州人民代表大会要各司其职。审查结果报告要对上一年的预算执行情况进行总结、回顾、反思，对本年度的政府预算草案进行合理评价，对重点政策和项目的事前绩效评估进行重点审查，更好地为计划年度的预算奠定良好的基础。

3. 大会批准

经讨论、审查并通过报告以后，大会作出批准本级预算草案的决议，并应当在批准后二十日内由本级政府财政部门向社会公开。政府预算草案经人民代表大会审查批准后，就成为具有法律效力的文件，各地区、各部门、各单位都要严格贯彻执行。

（三）预算批复

所谓“预算批复”，即政府预算草案经同级人民代表大会批准成为具有法律效力的文件后，财政部门应及时将这个预算批复给各职能部门，再由各部门批复给各预算单位，以便据以执行。

各级预算草案经各级人民代表大会批准后，财政部门应及时办理批复预算手续，以保证各级预算的执行。

如果预算批复不及时，就会造成当年部门预算可执行的有效时间缩短，会直接影响到预算执行中的工作节奏，造成上半年按预算拨付财政支出的进度慢于序时进度，支出与项目进度及绩效考评严重脱节，导致“前半年花钱慢，后半年催花钱”。因此，通过对各个环节中的期限进行规定，可以保证预算的执行效率，推进预算的绩效管理工作。对于一般性转移支付和专项转移支付明确规定下达期限，有利于财政转移支付资金的及时到位，便于各项目支出的顺利进行，减少目前存在的“年底突击花钱”以及资金在下达过程中的“层层预留”现象。

明确各级政府预算批复的期限有利于预算的执行，但在法定的预算批复期限内，还应该注意预算批复的精细化。预算批复不精细是预算执行不规范的主要原因之一，因此，应重点从两个方面推进预算批复的精细化：一是要精细化批复重点预算支出项目；二是要精细化社会关注度高的经费预算批复，如：“三公经费”支出是社会关注的热点问题，只有细化预算批复，加大公开力度，才能有效接受社会公众的监督。

（四）预算备案

对规范性文件备案审查是人民代表大会常务委员会监督工作中的一个重要组成部分，是维护国家法制统一的一项重要工作。

《预算法》第五十条规定："乡、民族乡、镇政府应当及时将经本级人民代表大会批准的本级预算报上一级政府备案。县级以上地方各级政府应当及时将经本级人民代表大会批准的本级预算及下一级政府报送备案的预算汇总，报上一级政府备案。

"县级以上地方各级政府将下一级政府依照前款规定报送备案的预算汇总后，报本级人民代表大会常务委员会备案。国务院将省、自治区、直辖市政府依照前款规定报送备案的预算汇总后，报全国人民代表大会常务委员会备案。"

第五十一条规定："国务院和县级以上地方各级政府对下一级政府依照本法第五十条规定报送备案的预算，认为有同法律、行政法规相抵触或者有其他不适当之处，需要撤销批准预算的决议的，应当提请本级人民代表大会常务委员会审议决定。"

三、人大预算绩效审查监督的方式

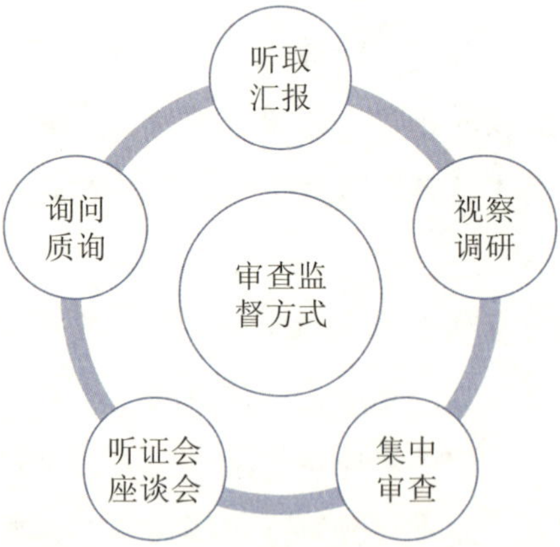

图 6-4　人大预算绩效审查监督的方式

《预算法》第四十五条规定："县、自治县、不设区的市、市辖区、乡、民族乡、镇的人民代表大会举行会议审查预算草案前，应当采用多种形式，组织本级人民代表大会代表，听取选民和社会各界的意见。"在实践中，预算审查的方法有很多，下文主要阐述几种方法（见图 6-4）。

（一）听取汇报

人民代表大会常务委员会、财政经济委员会以及相关专业委员会可以就预算编制和草案、重大政策和项目事前绩效评估以及大会修改后的预算等有关情况，听取政府及财政等预算部门的汇报，了解政策和项目的立项必要性、投入经济性、绩效目标合理性、实施方案可行性、筹资合规性以及预算编制的情况和问题建议与意见等。相关意见建议由人大综合整理，纳入预算草案初审意见送到财政部门。参加听取汇报的人员通常是人大代表、常委会委员、财政经济委员会委员等，也可以邀请常委会有关委员会的人员、专家顾问、党委和政府有关部门的人员参加。这是实践中比较普遍采用的预算审查方法，比较省时省力，也更容易获得书面资料。

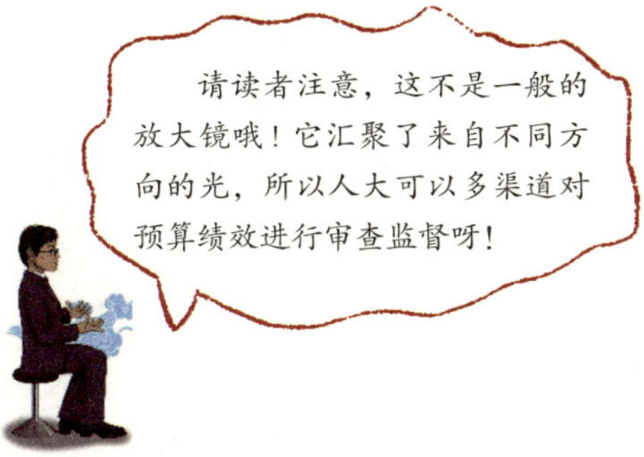

（二）视察调研

在预算草案提交人民代表大会表决前，人大常委会、财政经济委员会通常会组织部分常委会委员和财政经济委员会委员进行视察调研，专项提前介入预算编制监督，督促政府将资金安排意见建议落实到预算中去。这一做法实现预算审查监督关口前移，一定程度上改变了过去政府已经编制好预算后人大才提出意见建议，政府难以当年采纳的状况。视察调研的对象是本级政府的预算部门和单位，下级政府及预算部门和单位以及本级政府财政收入范围内的企业单位等。视察调研时可邀请上级和本级人大代表、常委会其他委员会的领导同志、专家顾问等有关人员参加。这种方法也比较普遍，有助于代表和委员们更好地了解政策和项目的实际情况、预算安排的实际情况，及时发现实践中的问题，并与业务部门进行及时、有效的沟通。

（三）集中审查

预算草案提交人大常委会后，人大常委会或财政经济委员会可组织对政府及部门的预算草案进行集中审查，可采取会议的形式，也可将预算草案文本分到责任人手上，按照上述预算草案审查的内容进行审查，然后集体汇总研究定性审查的情况。审查时，可延伸到二、三级预算单位，对专项资金可调阅可行性报告、项目批准书等有关说明资料。

（四）召开听证会或座谈会

人大常委会或财政经济委员会可就政府总的预算安排情况，或某个部门、某个项目资金预算草案召开听证会或座谈会，邀请熟悉财政预算工作的专家、社会人士对预算草案进行进一步论证和座谈，广泛听取对预算安排的看法和意见。

（五）询问和质询

询问和质询是人大代表及常委会组成人员对预算、决算中不清楚、不理解、不满意的方面提出问题，要求有关机关作出说明、解释的一种活动。询问，是各级人大代表或人大常委会组成人员，在人民代表大会或人大常委会会议上审议工作报告或议案时，向有关国家机关打听、了解有关情况。质询，是各级人大代表或人大常委会组成人员，按照法律规定的程序，对本级国家行政机关提出质问的议事原案。

询问和质询，是人大代表及常委会组成人员的个人行为，不是人大常委会的集体行为。人大代表及常委会组成人员享有询问和质询权的基础，是人大及常委会对政府预算、决算拥有监督权。询问和质询的目的，是获知政府预决算的工作情况和其他有关情况，或者对预决算的工作提出批评，以督促改进工作中的缺点和错误，提高依法办事水平和工作效率。所以，虽然询问和质询是人大代表及常委会组成人员的个人行为，但其性质是人大及常委会行使监督职权的方式之一，是人大及常委会监督权的一种独特运行方式。

第三节
人大决算绩效审查监督管理

一、人大决算绩效审查监督的内涵

为了使决算编制得及时、准确、完整，保证决算的质量，必须在各个环节上加强决算的审核分析工作，做到逐级审核、层层负责。各部门对所属各单位的决算草案应当严格审核，并编制本部门的决算草案，在规定期限内报本级财政部门审核；各级财政部门对本级各部门决算草案应当严格审核，对不符合规定的有权作出调整；地方各级财政部门编制本级总决算草案，经上一级财政部门审核后，报本级人民政府审定，由人民政府提请本级人民代表大会或人民代表大会常务委员会审查和批准。

决算绩效审查是人大根据设定的绩效目标，运用科学、合理的绩效评价指标、评价标准和评价方法，对财政支出的经济性、效率性和效益性进行客观、公正的评价。财政支出绩效评价是预算绩效管理的核心。预算执行结束后，要及时对预算资金的产出和结果进行绩效评价，重点评价产出和结果的经济性、效率性和效益性。

二、人大决算绩效审查监督的内容

县级以上各级人民代表大会常务委员会应当结合本级政府提出的上一年度预算执行和其他财政收支的审计工作报告，对本级决算草案进行审查。

人大决算绩效审查监督重点关注“支出政策实施情况和重点支出、重大投资项目资金的使用及绩效情况”。人大审查决算报告时，应该结合绩效目标，重点审查预算执行效果，根据自评和外部评价结果，对预算执行情况开展评价，并可对支出绩效不理想的支出进行询问和质询。

三、人大决算绩效审查监督的流程

（一）报送审批

《预算法》第七十七条规定："国务院财政部门编制中央决算草案，经国务院审计部门审计后，报国务院审定，由国务院提请全国人民代表大会常务委员会审查和批准。

"县级以上地方各级政府财政部门编制本级决算草案，经本级政府审计部门审计后，报本级政府审定，由本级政府提请本级人民代表大会常务委员会审查和批准。

"乡、民族乡、镇政府编制本级决算草案，提请本级人民代表大会审查和批准。"

重要绩效目标、绩效评价结果要与决算草案同步报送同级人大，自觉接受人大的监督。

（二）决算批复

《预算法》第八十条规定："各级决算经批准后，财政部门应当在二十日内向本级各部门批复决算。各部门应当在接到本级政府财政部门批复的本部门决算后十五日内向所属单位批复决算。"

（三）备案制度

《预算法》第八十一条规定："地方各级政府应当将经批准的决算及下一级政府上报备案的决算汇总，报上一级政府备案。

"县级以上各级政府应当将下一级政府报送备案的决算汇总后，报本级人民代表大会常务委员会备案。"

《预算法》第八十二条规定："国务院和县级以上地方各级政府对下一级政府依照本法第八十一条规定报送备案的决算，认为有同法律、行政法规相抵触或者有其他不适当之处，需要撤销批准该项决算的决议的，应当提请本级人民代表大会常务委员会审议决定；经审议决定撤销的，该下级人民代表大会常务委员会应当责成本级政府依照本法规定重新编制决算草案，提请本级人民代表大会常务委员会审查和批准。”

专栏 6-4 《预算法》关于各级财政总决算草案的初步审查规定

《预算法》第七十八条规定：“国务院财政部门应当在全国人民代表大会常务委员会举行会议审查和批准中央决算草案的三十日前，将上一年度中央决算草案提交全国人民代表大会财政经济委员会进行初步审查。

“省、自治区、直辖市政府财政部门应当在本级人民代表大会常务委员会举行会议审查和批准本级决算草案的三十日前，将上一年度本级决算草案提交本级人民代表大会有关专门委员会进行初步审查。

“设区的市、自治州政府财政部门应当在本级人民代表大会常务委员会举行会议审查和批准本级决算草案的三十日前，将上一年度本级决算草案提交本级人民代表大会有关专门委员会进行初步审查，或者送交本级人民代表大会常务委员会有关工作机构征求意见。

“县、自治县、不设区的市、市辖区政府财政部门应当在本级人民代表大会常务委员会举行会议审查和批准本级决算草案的三十日前，将上一年度本级决算草案送交本级人民代表大会常务委员会有关工作机构征求意见。

“全国人民代表大会财政经济委员会和省、自治区、直辖市、设区的市、自治州人民代表大会有关专门委员会，向本级人民代表大会常务委员会提出关于本级决算草案的审查结果报告。”

四、人大决算绩效审查监督的方式

（一）听取汇报

人民代表大会常务委员会、财政经济委员会以及相关专业委员会，可以就决算编制和草案、重大政策和项目绩效评价等有关情况，听取政府及财政等预算部门的汇报，了解预算的执行情况、政策和项目的产出与效益。相关意见建议由人大综合整理，纳入决算草案初审意见送到财政部门。参加听取汇报的人员通常是人大代表、常委会委员、财政经济委员会委员等，也可以邀请常委会有关委员会的人员、专家顾问、党委和政府有关部门的人员参加。

（二）集中审查

决算草案提交人大常委会后，常委会或财政经济委员会可组织对政府及部门的决算草案进行集中审查。可采取会议的形式，也可将决算草案文本分到责任人手上，按照上述决算草案审查的内容进行审查，然后集体汇总研究定性审查的情况。审查时可延伸到二、三级预算单位，对专项资金可调阅可行性报告、项目批准书等有关说明资料。

（三）召开听证会或座谈会

常委会或财政经济委员会可就政府总的决算执行情况，或某个部门、某个项目资金决算草案召开听证会或座谈会，邀请熟悉财政预算工作的专家、社会人士对决算草案进行进一步论证和座谈，广泛地听取对决算草案的看法和意见。

（四）询问和质询

询问和质询是人大代表及常委会组成人员对决算中不清楚、不理解、不满意的方面提出问题，要求有关机关作出说明、解释的一种活动。询问，是各级人大代表或人大常委会组成人员，在人民代表大会或人大常委会会议上审议工作报告或议案时，向有关国家机关打听、了解有关情况。质询，是各级人大代表或人大常委会组成人员，按照法律规定的程序，对本级国家行政机关提出质问的议事原案。

（五）专项提前介入绩效评价

人大财政经济委员会、常委会预算工作委员会在进行决算绩效审查监督时，可以将监督前移，提前介入绩效评价。人大根据工作重点和群众关注等要求，提前确定专项，通过与各部门沟通，共同推动绩效评价工作。一是督促、指导按照建立科学、公正的评价指标体系要求，编制评价指标和权重表、评价实施细则等，细化各项具体指标及分值，明确评价标准和评价依据，制订评价工作方案，稳妥有序开展评价工作；二是及时做好有关协调工作，实时掌握评价工作动态。

专栏 6-5 全国人大财政经济委员会就预算绩效管理和地方政府债务管理提出的新要求

全国人大财政经济委员会副主任委员史耀斌在第十三届全国人民代表大会常务委员会第十一次会议上作《关于2018年中央决算草案审查结果的报告》（以下简称“《报告》”）。《报告》就加强预算绩效管理和地方政府债务管理提出新要求。

关于深入开展预算绩效管理工作

要切实树立全面预算绩效管理理念，强化政府和部门主体责任。增强预算绩效目标与指标设置的规范性和科学性，健全完善分行业、分领域预算绩效指标体系，更多体现政策实施效果和服务对象满意度。加强对部门绩效自评工作的指导，完善绩效自评机制，提高自评质量和可信度。扩大外部评价的比重，引导和规范第三方机构参与预算绩效管理。加快建立健全评价结果与安排预算、完善制度、调整政策等的挂钩机制，充分运用绩效评价的结果。重点支出和重大投资项目的绩效评价结果，应当向全国人大常委会报告，除涉及国家秘密或敏感事项外，应向社会公开。

关于继续加强地方政府债务管理监督

要加强地方政府债券发行管理，合理安排地方政府债券发行节奏。做好债务资金募集与项目建设需求之间的有机衔接，进一步提高债务资金的使用效率和效益。完善地方政府债务限额管理制度，制定优化债务限额分配办法和标准，合理确定各地政府债务限额。发展改革委、财政、人民银行和银保监会等部门要加强工作协同，依法科学、合理做好地方政府债务化解工作。进一步加大政府债务信息公开力度，接受社会监督。地方各级人大及其常委会要加强对政府举债融资的监督，杜绝在政府预算之外举债融资。研究推进政府债务管理立法工作。

第四节 人大预算联网审查监督

一、人大预算联网审查监督的内涵

人大预算联网审查监督，旨在通过构建中央、省、市、县横向联通、纵向贯通的预算联网监督系统，加强对预算执行情况的监督。

开展预算联网监督，是贯彻落实党中央关于加强人大预算审查监督重要部署的具体举措，是对人大预算审查监督工作的创新发展，是建立和完善中国特色社会主义预算审查监督制度的有益探索，对于提高财政预算管理水平和预算透明度，增进人大代表和群众对财政预算工作的满意度，更好发挥人民代表大会制度优势，推进国家治理体系和治理能力现代化，都有重要意义。

2017 年 6 月 30 日，全国人大常委会办公厅印发《关于推进地方人大预算联网监督工作的指导意见》（以下简称“《联网监督工作的指导意见》”），财政部予以转发。《联网监督工作的指导意见》从重要意义、总体要求和基本原则、主要内容和联网方式、实施步骤、保障措施等五个方面，对地方人大预算联网监督工作提出了要求。

二、人大预算联网审查监督的意义

党的十八大以来，以习近平同志为核心的党中央在推动人民代表大会制度与时俱进、加强人大预决算审查监督和实施全面规范、公开透明的预算制度等方面，提出一系列新论断、新举措、新要求，为新形势下加强人大预算审查监督、深化财政预算改革提供了重要指导和基本遵循。适应信息社会发展要求，利用“互联网 +”和大数据技术，开展预算联网监督是贯彻落实党中央关于加强人大预算审查监督重要部署的具体举措，是对人大预算审查监督工作的创新发展，是建立和完善中国特色社会主义预算审查监督制度的有益探索。

扎实推进预算联网监督工作，实现预算审查监督信息化和网络化，对于推动提高预算编制的科学性和民主性，增强预算执行的严肃性和规范性，提高财政预算管理水平，实施全面规范、公开透明的预算制度；对于提升人大预算审查监督内容的翔实性和时效性，增强预算审查监督的针对性和有效性，更好依法履行预算审查监督职责，增进人大代表和人民群众对财政预算工作的满意度；对于更好发挥人民代表大会制度优势，推进国家治理体系和治理能力现代化，都具有重要意义。

三、人大预算联网审查监督的总体要求和基本原则

（一）总体要求

开展预算联网监督工作，要以党的十八大和十八届三中、四

中、五中、六中全会精神为指导，深入贯彻习近平总书记系列重要讲话精神和治国理政新理念新思想新战略，坚持党的领导、人民当家做主、依法治国有机统一，以宪法和《预算法》《监督法》等法律为依据，认真贯彻落实党中央的重大方针政策和决策部署，紧紧围绕加强对政府预算审查监督和实施全面规范、公开透明预算制度的要求，实施正确监督、有效监督，总结完善地方人大与政府财政等部门开展预算联网监督的经验做法，创新监督方式，丰富监督内容，提高监督实效，进一步推动依法理财、依法行政，切实把财政资金用好、管好，更好发挥财政在国家治理中的基础和重要支柱作用。

（二）基本原则

1. 围绕中心

围绕党中央的重大方针政策和决策部署，通过开展预算联网监督，促进党的方针政策和决策部署在财税政策和预算安排上得到积极落实，在财税政策实施和预算执行中得到有效贯彻。

2. 依法监督

开展预算联网监督，遵从宪法和《预算法》《监督法》等法律确定的人大、政府的法定职责与工作程序，切实履行宪法和《预算法》《监督法》等法律赋予人大的审查监督职权，监督内容与监督责任相对应，做到既敢于监督又善于监督，监督既不缺位也不越位。

3. 统分结合

在推进预算联网监督工作中，实行中央和地方统分结合、分工协作机制。中央对地方开展预算联网监督工作进行顶层设计，提出总体规划，明确目标任务，对系统的基本功能和模块设计提出统一要求。省、市两级负责本级和指导下级预算联网监督工作。

4. 安全可控

强化预算联网监督系统安全保障机制，加强技术保障体系等基础设施建设，提高系统安全防护能力，健全安全管理制度，确保系统安全有效运行。

5. 逐步推开

地方各级人大开展预算联网监督工作，按照《联网监督工作的指导意见》提出的总体规划和目标任务，在具体时间安排上可以结合实际，因地制宜；由易到难，由简到繁；循序渐进，逐步推开。

四、人大预算联网审查监督的内容和联网方式

开展人大预算联网监督工作，需要建设好预算联网监督系统。预算联网监督系统是依托国家电子政务网，在收集分析政府预算数据基础上建立的，以依法加强对政府预算决算审查监督、推动预算公开透明为目的的信息管理系统。通过预算联网监督系统，人大开展预算监督工作的任务是按照党中央关于加强对政府全口径预算决算审查监督的要求和《预算法》《监督法》等法律规定，开展对预算决算的全口径审查，实现对预算执行的全过程监督。预算联网监督信息内容，应当包括年度财政预算决算草案、部门预算决算草案、月度财政预算执行情况、相关的财政管理动态和文件等信息；还应当包括分部门、分预算单位按功能分类科目的预算下达、调整和执行的即时性信息等；其他信息需求按照法律法规并经可行性论证后，逐步纳入提供范围。

（一）主要功能

预算联网监督系统应当具有查询、预警、分析、服务等基本功能，设有查询分析、监测预警、审查监督、代表服务、政策法规等主要模块（见图 6–5）。

1. 查询功能

通过联网，实现一般公共预算、政府性基金预算、国有资本经营预算、社会保险基金预算及其执行情况的查询；逐步实现对部门预算、财政转移支付、政府投资项目、政府债务、土地出让收支等预算信息的查询；实现党中央重大方针政策、相关预算法律法规、

图 6-5　人大预算联网审查监督系统总体框架图

资料来源：全国人民代表大会财政经济委员会。

预算决算文件、财政支出政策、财政历史数据等的查阅。

2. 预警功能

根据党中央重大方针政策和决策部署，按照《预算法》《监督法》等法律规定的审查监督重点内容，结合预算审查的重点向支出预算和政策拓展的改革要求，结合人民代表大会审查批准的预算及预算指标等，在系统中合理设计符合人大审查监督职权的预警规则、标准和参数。通过系统的预警功能，结合预算计划、预算指标和预算支付信息，实现对问题的自动捕捉，及时发现问题并按程序处理问题，提高系统的监督效率和效能。

3. 分析功能

根据党中央重大方针政策和决策部署，按照《预算法》关于预决算审查重点内容及预算执行监督的要求，通过系统的分析功能，对预算的安排与执行、预算与决算、财政转移支付、重点项目支出、政府债务、地区间预算收支完成情况等基本数据，自动生成相应的量化指标和图表，为开展预决算审查和预算执行监督提供数据信息支持。各地结合实际，可进一步拓展分析的重点内容。

4. 服务功能

通过系统的服务功能，使人大代表及时了解有关预算支出安排和执行的具体情况，为代表主动参与预算审查监督创造条件；为人大常委会开展执法检查、听取政府专项工作报告，为财政经济委员会开展预决算初步审查和监督预算执行，为有关的专门委员会开展监督工作等，提供相应的预算信息服务，增强监督工作的针对性和有效性。

（二）联网方式

数据信息传输方式，原则上实现定期推送和实时查询相结合。财政预算信息的传输，主要由财政部门按规定采取主动发起并进行信息推送的模式。在不突破既定信息内容框架、符合安全保密规定的前提下，可按规则向本级人大常委会预算工作委员会等工作机构开通财政网络访问权限，提供方便进行查询分析、再次利用的财政预算信息数据。具体情况可根据各地实际合理配置。

五、人大预算联网审查监督实践

（一）全国人大预算联网审查监督进展

2017年12月底，中央本级预算联网监督已开始上线试运行。该系统包括财政预算监督、部门预算监督、专题监督、监督预警、代表服务、政策法规、文档资料、宏观分析8个模块，具有查询功能、预警功能、分析功能、服务功能4个基本功能。未来应将预算绩效目标设定情况、目标执行情况、绩效评价报告等信息纳入联网内容。

（二）广东省人大预算联网审查监督进展

截至2019年6月，广东省各级人大预算联网监督工作不断取得新进展。省级和全省21个地级以上市、121个县区已全部实现了人大与同级财政联网，联网率达100%。其中，省本级、13个地级以上市、17个县区还实现了人大与社保部门联网。广东的预算联网监督系统具备系统查询、审查监督、分析预警和代表服务等功能，是广东加强财政预算监督、提升监督实效、打造阳光财政的积极创新。

1. 坚持经常性联网分析报告制度

广东省预算联网监督系统建成运用以来，预算工作委员会共编印42期预算联网监督分析简报，对预算执行中存在的问题进行了线上预警和提醒；线下采取向有关部门和地方发出函询、组织专题调研、情况通报等方式，结合预决算审查及有关专项报告审议意见研处进行跟踪督查。

2. 利用预算联网监督系统汇集的数据，为省人大及其常委会审查预决算提供服务

2017年底，利用省级联网监督系统，对广东省人民代表大会会议期间代表提出的财经类建议进行分析，选取代表关注度较高、与基层群众切身利益密切相关的普通公路建设问题，作为提前介入预算编制工作监督项目，组织省人大代表视察省财政厅，反映意见，促进有关预算资金安排落实。2018年6月，发挥在线监督优

势，跟踪发现省级交通运输支出进度不够理想。对此，以联网监督分析简报方式向省政府作了通报，并向省有关部门发出函询，要求提供有关重点支出情况说明，提出改进预算执行措施及意见。同时，还专门组织省人大代表到有关重点市县调研，上下联动，跟踪、了解省级专项资金实际支出情况，推动监督意见落实。

3. 跟踪重要转移支付下达拨付情况，为审议专项工作报告服务

2017 年 11 月和 2018 年 9 月，广东省人大常委会分别听取和审议省政府关于加强基层医疗卫生工作情况报告、关于广东省打好精准脱贫攻坚战工作情况报告，并开展专题询问。为做好有关服务工作，广东省利用预算联网监督系统，专门对省级加强基层医疗卫生服务能力建设专项资金、扶贫专项资金有关下达拨付情况进行跟踪，针对发现的问题，向省有关部门发出函询，要求提供预算执行情况说明，重点说明有关重点专项资金支出情况，并提出改进预算执行工作措施及意见。

专栏 6-6　打造全国预算联网监督的“广东样本”

加强财政预算审查监督是人大监督的重要内容。2003年，广东省领导在依法治省的会议上指示，广东省财政厅要与省人大财政经济委员会联网，让人大代表能监督到财政支出的每一笔钱。2004年，通过省政务内网平台，实现省财政厅国库集中支付系统与省人大联网，探索创新预算监督机制，推动建设“阳光财政”。近年来，广东省不断总结、完善财政配合人大预算联网监督工作，形成了以人大需求为导向，以开放共享理念为引领，以完善联网监督系统为载体，以大力推进财政改革为基础，一手“主动开放”、一手“固本强基”的“广东样本”。经过15年的探索和推进，广东省各级人大预算联网监督工作不断取得新进展。省级和全省21个地级以上市、121个县区已全部实现了人大与同级财政联网，联网率达100%。其中，省本级、13个地级以上市、17个县区还实现了人大与社保部门

联网。

坚持以点带面，着力构建省、市、县横向联通、纵向贯通的预算联网监督系统基本框架。横向联通方面，初步完成横向联网拓展目标。为落实好全国人大指导意见确定的阶段性目标要求，省人大在与省财政、社保部门联网的基础上，于2018年12月实现与省国资委、审计、税务部门联网，并于2019年4月对系统统计分析功能进行再提升，实现对国资、审计、税务数据的统计查询功能。在部门联网横向拓展的同时，还实现了联网查询空间拓展。通过信息技术，将联网数据从固定的联网查询室拓展到了常委会办公厅信息化多功能展示室，延伸到了有关委员会领导和工作人员的办公桌面，让联网数据为省人大常委会、有关委员会、省人大代表开展审查监督工作提供更加便捷的数据支撑和服务。

纵向贯通方面，探索开展省、市、县系统纵向联网建设。2017年4月，省级重大专项资金数据联网报送系统上线运行，各市人大常委会协助上传市、县有关数据，初步实现对省人大关注的重点项目资金跟踪监督。截至2017年6月，已发布26期数据上传任务。目前，广州、湛江、阳江、佛山4个地级以上市的联网系统已与所辖的全部县区实现连接，惠州、东莞、中山也与所辖的部分县区、镇街实现连接。省人大预算联网监督系统二期升级建设中，将以茂名市为试点，探索推进省、市、县联网监督系统一体化建设，努力实现省、市、县三级预算联网监督系统纵向贯通。同时，按照全国人大常委会关于贯彻落实国有资产报告制度五年规划的要求，在预算联网监督二期系统建设中预留与全国人大国有资产管理信息的联网端口。

资料来源：广东省人大财政经济委员会。

（三）上海市人大预算联网审查监督进展

上海市人大预算联网审查监督系统，包括智能审查计划、审查计划管理、财政审查监督、部门审查监督、智能执行报告、动态指标管理、专项监督、专题监督和工作平台 9 个模块（见图 6–6）。

图 6-6 上海市人大预算联网审查监督系统功能框架图

资料来源：上海市人民代表大会财政经济委员会。

智能审查计划与其他模块联动，通过对历年审查违规对象、资金量、专业委员会等加权因素，自动生成审查计划。审查计划管理可对生成的审查计划进行人工调整、流程配置、按责分配等。财政审查监督可进行报表审查、疑点批注、图形分析等。部门审查监督可进行部门报表审查、报表穿透、疑点批注、图形分析、报表导出等。智能执行报告按照既定规则，可自动生成相关报告，并定期推送至相关的用户工作平台，提醒用户进行查看。动态指标管理按照法律法规，由用户灵活配置规则，实现对问题的自动捕捉并进行预警信息推送。专项监督包括政府重大投资项目全过程跟踪监督、政府采购监督、债务监督、“三公”经费监督等内容，相关规则由用户进行配置。专项监督包括国资监督、社保监督、税收监督、审计监督等内容，相关规则由用户进行配置。

结束语

中国全面实施预算绩效管理展望

分部署，九分落实。《中共中央 国务院关于全面实施预算绩效管理的意见》以习近平新时代中国特色社会主义思想为指导，全面贯彻党的十九大和十九届二中、三中、四中全会精神，按照高质量发展要求，紧紧围绕统筹推进“五位一体”总体布局和协调推进“四个全面”战略布局，坚持以供给侧结构性改革为主线，聚焦解决当前预算绩效管理中存在的突出问题，对全面实施预算绩效管理进行统筹谋划和顶层设计，是新时期预算绩效管理工作的根本遵循。

一、全面实施预算绩效管理的近期目标

全面实施预算绩效管理是政府治理方式的深刻变革，是一项长期的系统工程，涉及面广、难度大。《中共中央 国务院关于全面实施预算绩效管理的意见》（以下简称“《意见》”）提出，力争用3～5年时间基本建成全方位、全过程、全覆盖的预算绩效管理体系，实现预算和绩效管理一体化。全面实施预算绩效管理近期目标在于建机制、扩大范围、抓重点、补短板，努力解决财政资源配置和使用中的低效无效问题，着力提高财政资源配置效率和使用效益，改变预算资金分配的固化格局，提高预算管理水平和政策实施效果，为经济社会发展提供有力保障。

（一）逐步将“绩效”理念融入政府预算管理中

预算绩效管理不仅是财政管理方式的创新，更是政府管理理念和文化的一次革命。预算绩效管理的全面实行要求全社会，特别是政府部门要切实树立绩效理念和文化，处处以绩效作为工作的出发点，时时以绩效作为指导预算分配和衡量工作的尺度。我国虽然具有一定的预算支出考核工作基础，政府及社会公众也逐步认识到绩效管理的重要性，但由于受“行政就是管理，财政就是分钱”的传统观念束缚，社会整体的绩效意识并不高，与实行全面预算绩效管理的要求相比，还有一定的差距。良好的绩效管理理念和文化是推行绩效预算的思想基础和重要条件。从政府及其工作人员到社会公众，如果没有对政府绩效的广泛认知和认同，就不可能将推行绩效预算管理化为自觉的行动。

加大对《意见》的宣传力度，充分利用电视广播、报纸杂志、网络平台等各类媒体，广泛宣传预算绩效管理的成功经验和典型做法，通过理论研讨、要报简报、专题宣传等多种方式，大力倡导预

算绩效管理理念，切实加强舆论引导，积极培育绩效管理文化，扩大预算绩效管理的社会影响，有效引导社会各界主动了解预算绩效管理、支持预算绩效管理，共同营造良好的社会氛围。

（二）完善全面实施预算绩效管理的制度框架

预算绩效管理制度体系着力于建立健全预算绩效管理相关制度及具体实施细则，从方向和目标上加以规划和指导，增强可操作性。

1. 加强规章制度建设

在《预算法》和《意见》等法律法规制度框架下，建立涵盖绩效目标、绩效监控、绩效评价、结果应用各环节的管理制度；健全社会中介、专家、数据库和档案等管理办法；完善预算单位决算报表、资产配置标准、部门项目支出标准等体系建设。

2. 加强业务规程建设

依据相关法律法规及管理办法，制定系统、规范的绩效管理工作流程和操作细则，明确各相关机构和人员在预算绩效管理工作中的职责，规范操作程序和质量控制要求，健全协调机制，建立分级分类、适用高效、便于操作的实施细则及业务规范。

（三）逐步建立全过程预算绩效管理工作机制

建立“预算编制有目标、预算执行有监控、预算完成有评价、评价结果有反馈、反馈结果有应用”的全过程预算绩效管理机制，实现预算绩效管理与预算编制、执行、监督有机结合。

预算绩效目标管理是全过程预算绩效管理的基础。部门（单位）申请预算时，要按要求申报绩效目标。绩效目标应依据明确、相对具体、可衡量，并在一定时期可实现。财政部门应加强纳入绩效目标管理试点范围项目的绩效目标审核，作为预算安排的前提和主要依据，并在批复单位预算时一并批复绩效目标。预算绩效运行监控是全过程预算绩效管理的关键。财政部门和预算部门要对绩效信息适时进行跟踪监控，重点监控是否符合预算批复时确定的绩效目标，发现预算支出绩效运行与原定绩效目标发生偏离时，及时采取措施予以纠正；情况严重的，暂缓或停止该项目的执行。预算支出绩效评价是全过程预算绩效管理的核心。预算执行结束后，财政部门或预算部门要认真分析和积极利用决算数据，对财政支出的实际绩效进行评价，客观公正地评价绩效目标的实现程度，提高预算绩效评价的准确性和有效性。预算绩效评价结果应用是全过程预算绩效管理的落脚点，应积极探索绩效评价结果应用方式，促进预算绩效管理工作发挥实效。预算绩效监督是全过程预算绩效管理的保障。要充分发挥预算绩效监督的作用，建立财政监督检查结果与预算安排紧密衔接工作机制，强化监督检查成果利用；健全制衡机制，强化对所有财政性资金和运行全过程的绩效监督。

（四）健全全面实施预算绩效管理的智库体系

健全专家学者库、中介机构库和监督指导人员库，分建共享，动态管理，为预算绩效管理提供智力支持和制衡监督。

1. 健全专家学者库

通过发布公告、申请邀请、审核审查等程序和方式，建立中央、省两级涵盖不同领域、不同行业、不同专业的预算绩效管理专家学者库，按照其实际参与绩效管理工作的态度、能力、道德水平及民主评议结果，实行科学分类，动态管理，优胜劣汰，分建共享。

2. 健全中介机构库

建立中央、省、市三级符合预算绩效管理工作需要的社会中介机构库，加强对包括会计师事务所、资产评估、行业咨询等机构在内的社会中介力量的引导和培训，强化管理和规范。

3. 健全监督指导人员库

积极接受人大、纪检监察、审计等部门的监督，研究建立人大、纪检监察、审计等部门以及专家学者、群众代表参与预算绩效管理的监督指导人员库。

（五）健全全面实施预算绩效管理的组织保障

切实加强预算绩效管理的组织领导，扩大舆论宣传，健全机构人员，落实经费保障，强化素质培训，为推进预算绩效管理提供有力保障。

1. 加强组织领导

各级财政和预算部门是预算绩效规划组织实施的责任主体，加强组织领导，成立推进预算绩效管理工作领导小组，建立财政部门统一组织指导、预算部门具体实施、专业机构支持配合、社会各界广泛参与的领导工作机制和监督制约机制。

2. 健全机构人员

建立健全预算绩效管理的组织机构，完善机构职能，充实工作人员；未单独设立或暂不具备条件设立预算绩效管理机构的，要明确工作职责，并在相应职能部门增加专门人员。将绩效管理岗位作为锻炼、培养人才的重要平台，把品德好、素质高、能力强、有事业心、善于研究、敢于创新的人员充实到绩效管理队伍中来，为绩效管理工作的开展提供人才保障。

3. 强化素质培训

健全培训机制，创新培训方式，采取专题培训、以会代训、选送深造，以及“走出去、请进来”等多种方式，加大预算绩效管理培训力度，力争三年之内对所有县级以上财政部门和三级以上预算单位相关人员进行一次轮训，增强预算绩效管理工作人员的业务素质。加强作风建设，强化服务观念，增强廉政意识，建设一支踏实肯干、素质过硬、作风优良的预算绩效管理队伍，有效提高预算绩效管理的工作水平。

二、全面实施预算绩效管理的远期目标

实现绩效管理常态化、规范化、法治化，以预算绩效管理推动政府效能提升，增强政府执行力和公信力，在推进国家治理体系和治理能力现代化中发挥重要支撑作用。

（一）全面实现政府绩效管理，为实行结果导向的绩效预算提供空间

一是更加科学、准确地制定政府及部门的发展战略规划和计

划，更加清晰地反映政府及部门的绩效目标和政策措施。二是实现政府组织机构及管理流程的再造，以便适应政府绩效管理和绩效预算管理要求，实现对目标结果的关注和评价。三是积极引入市场化的管理理念和方法，如将政府提供的部分公共产品和服务通过招标等竞争方式承包给私人部门负责，从而扩大政府绩效管理成果。四是要全面建立问责制度，正确界定和强化政府及部门管理者的责任，实现管理主体权利与义务的对等。

（二）继续拓展预算绩效管理的实施深度，全面推行结果导向的绩效预算

产出导向的绩效预算在部门内部构建起绩效预算管理体系，但仍未完全解决财政部门从源头上真正实现财政资源高效配置等问题。因此，应继续拓展绩效预算管理的实施深度，逐步实现结果导向的绩效预算。即将绩效管理扩展到整个政府预算范围，以政府投入应产生的绩效目标（这些目标应当尽量量化或指标化，以便编制预算和考核效果）为出发点，在充分进行成本效益分析的基础上，结合可分配的资源量和绩效评价结果，来确定政府预算资金分配，在投资决策上寻求以最小的成本获得绩效目标最大的效益，使“绩效”的观念贯穿于整个预算编制与执行过程的始终，逐步建立起综合性的绩效预算管理体系，真正实现预算安排和资源使用这一“过程”与社会公共需要这一“结果”更加紧密地结合，最终达到在政府整体层面上实现按效益和效果拨款，从源头上真正实现财政资源高效配置的效果。

（三）完善适应结果导向绩效预算的预算绩效管理体系

实现政策决策、预算安排和绩效评价结果的更紧密连接。这一阶段，在评价目标上，应由关注预算支出的效率和有效性，转为注重预算支出的效益、效果和影响。在评价对象上，实现对政府预算支出整体效益的综合评价，即对各部门财政支出效益进行综合反映。在评价指标体系上，形成更为科学的评价指标体系和标准体系，以实现对财政支出绩效结果的评估。在评价主体上，更加强化客观评价，完善具有独立性的社会机构和公众参与评价的机制和制

度。在政府政务公开、预算公开的基础上，全面实现由政府内部评价向政府与社会相结合的综合评价机制的转变。在评价结果应用上，实现政策决策、预算安排与绩效评价结果更加直接的联系，利用绩效评价结果判断政策及绩效目标设定和财政资金配置的合理性，调整和完善政策及绩效目标、财政资金使用方向和结构，奖惩和问责预算部门、单位及其人员，实现绩效预算按照“结果”拨款的原则。

（四）全面实行权责发生制会计制度，完善政府绩效报告和财务报告制度

结果导向的预算绩效管理，要求实行权责发生制会计制度，在条件成熟时，应将权责发生制扩展到整个政府活动范围，更好地将预算确认的成本与预期的绩效成果进行配比，从而支持管理者的有效决策，完整地反映政府受托责任，促进全面的绩效管理改革。在完善政府会计制度的基础上，实行政府绩效报告和财务报告制度。在每年的人代会上，各级政府不仅要报告年度预算情况，还要报告政府绩效目标完成情况，包括列明绩效目标和绩效结果，并将两者进行比较，通过绩效指标详细描述绩效目标的完成程度，分析说明未达到目标的原因及改进的措施等；同时，还要报告政府的财务状况，包括现金流量、资产、负债和权益状况等。

奋斗创造历史，实干成就未来。全面实施预算绩效管理，是推进国家治理体系和治理能力现代化的内在要求，是深化财税体制改革、建立现代财政制度的重要内容，是优化财政资源配置、提升公共服务质量的关键举措，是推动党中央、国务院重大方针政策落地见效的重要保障。

让我们更加紧密地团结在以习近平同志为核心的党中央周围，高举中国特色社会主义伟大旗帜，以习近平新时代中国特色社会主义思想为指导，迎难而上，开拓进取，为夺取新时代中国特色社会主义伟大胜利，为把我国建设成为富强民主文明和谐美丽的社会主义现代化强国、实现中华民族伟大复兴的“中国梦”不懈奋斗！

参考文献

[1] 财政部预算司. 中央部门预算编制指南（2019）. 北京：中国财政经济出版社，2019.

[2] 李燕. 政府预算管理. 北京：北京大学出版社，2016.

[3] 肖捷. 全面实施预算绩效管理提高财政资源配置效率. 学习时报，2018-3-16.

[4] 夏先德. 全过程预算绩效管理机制研究. 财政研究，2013（4）.

[5] 于安. 全面预算绩效管理是国家行政管理的重大制度性改革. 中国财政，2019（10）.

[6] 白景明. 新意义、新目标、新制度、新要求：把全面实施预算绩效管理落到实处. 中国财政，2019（10）.

[7] 马海涛，肖鹏. 财政职能定位提升，现代财政制度启航. 湖南财政经济学院学报，2013（6）.

[8] 肖鹏，李燕. 预算透明：环境基础、动力机制与提升路径. 财贸经济，2010（1）.

[9] 财政部预算司. OECD国家预算支出审查的主要做法. 中国财经报，2019-8-10.

[10] 财政部预算司. 预算绩效管理国际发展趋势. 中国财经报，2019-7-6.

[11] 中国共产党第十八届中央委员会第三次全体会议. 中共中央关于全面深化改革若干重大问题的决定.

[12] 中国共产党第十九届中央委员会第四次全体会议. 中共中央关于坚持和完善中国特色社会主义制度、推进国家治理体系和治理能力现代化若干重大问题的决定.

[13] 全国人民代表大会. 中华人民共和国预算法（2014）.

[14] 财政部办公厅. 关于开展中央部门项目支出绩效自评工作的通知（财办预〔2016〕123号）.

[15] 财政部. 关于印发《预算绩效管理工作考核办法》的通知（财预〔2015〕25号）.

[16] 财政部. 关于印发《中央对地方专项转移支付绩效目标管理暂行办法》的通知（财预〔2015〕163号）.

[17] 财政部. 关于印发《预算绩效评价共性指标体系框架》的通知（财预〔2013〕53号）.

[18] 财政部.《项目支出绩效评价管理办法》（财预〔2020〕10号）.

[19] 财政部. 关于印发《预算绩效管理工作规划（2012—2015年）》的通知（财预〔2012〕

396号）.

[20] 财政部. 关于印发《中央部门预算绩效目标管理办法》的通知（财预〔2015〕88号）.

[21] 财政部. 关于《加强和改进中央部门项目支出预算管理》的通知（财预〔2015〕82号）.

[22] 财政部. 关于开展2016年度中央部门项目支出绩效目标执行监控试点工作的通知（财办预〔2016〕85号）.

[23] 财政部. 关于印发《地方财政管理绩效综合评价方案》的通知（财预〔2014〕45号）.

[24] 财政部. 财政管理绩效考核与激励暂行办法（财预〔2016〕177号）.

[25] 财政部. 财政管理工作绩效考核与激励办法（财预〔2018〕4号）.

[26] 中共中央 国务院. 关于全面实施预算绩效管理的意见（中发〔2018〕34号）.

[27] 北京市财政局. 北京市市级财政支出事前绩效评估管理办法（京财预〔2019〕2129号）.

[28] 财政部. 项目支出绩效评价管理办法（财预〔2020〕10号）.

[29] 财政部. 政府和社会资本合作（PPP）项目绩效管理操作指引（财金〔2020〕13号）.

致　谢

《全面预算绩效管理读本》是中国发展研究基金会“公共预算手册”系列的最新成果。本读本依托中央财经大学预算绩效管理研究团队的力量编写而成。财政税务学院肖鹏教授、绩效管理研究中心童伟研究员、财政部预算评审中心王美桃女士、中国财政科学研究院陈凯博士生参与了读本编写，财政税务学院的研究生樊蓉、冯彦博、梁敏、陶畅参与了图表设计工作，全书最后由肖鹏教授负责统稿。在此对他们的辛勤劳动和真知灼见表示衷心的感谢。

在本读本的写作过程中，中国发展研究基金会的卢迈副理事长、方晋秘书长和俞建拖副秘书长，自始至终参与了总体框架和章节结构的设计工作，并提出了很多有益的修改建议；中国发展研究基金会工作人员都静和朱美丽对全书文字进行了细致的修订，在此一并表示感谢。

编委会

2020 年 3 月 30 日